墨人著

本全集保留作者手批手稿

墨人博士作品全集【全60冊】

第五十五冊　墨人詩詞詩話

文史哲出版社印行

國家圖書館出版品預行編目資料

墨人博士作品全集 / 墨人著 -- 初版 -- 臺北市：文史哲, 民 100.12
頁： 公分
ISBN 978-957-549-987-7 (全套 60 冊：平裝)

1.現代文學 2. 中國文學 3.別集

848.6 100022602

墨人博士作品全集【全60冊】

第五十五冊 墨人詩詞詩話

著 者：墨 人
出 版 者：文 史 哲 出 版 社
http://www.lapen.com.tw
登記證字號：行政院新聞局版臺業字五三三七號
發 行 人：彭 正 雄
發 行 所：文 史 哲 出 版 社
印 刷 者：文 史 哲 出 版 社
臺北市羅斯福路一段七十二巷四號
郵政劃撥帳號：一六一八〇一七五
電話886-2-23511028 · 傳真886-2-23965656

【全60冊】定價新臺幣 36,800 元

中華民國一百年（2011）十二月初版

ISBN 978-957-549-987-7 08992

墨人博士著作品全集　總目

一、散文類

二、長篇小說

三、中短篇小說散文合集

四、詩詞及論評

附：外篇

墨人的一部文學千秋史

張萬熙先生，筆名墨人，江西九江人，民國九年生。爲一位享譽國內外名小說家、詩人、學者。歷任軍、公、教職。六十五歲始自從國民大會簡任一級加年功俸的資料組長兼圖書館長公職崗位退休，但已是中國文壇上一位閃亮的巨星。出版有：《全唐詩尋幽探微》、《紅樓夢的寫作技巧》、二百九十多萬字的大長篇小說《紅塵》、《白雪青山》、《春梅小史》；詩集：《哀祖國》；散文集：《小園昨夜又東風》……。民國五十年、五十一年連續以短篇小說，兩次入選維也納納富出版公司出版的《世界最佳小說選集》。七十歲時自東吳大學中文系教席二度退休，仍著述不輟，爲國寶級文學家。墨人博士在臺勤於創作六十多年（在大陸時期已創作十年），並以其精通儒、釋、道之學養，綜理戎機、參贊政務、作育英才，更以其對傳統文學的精湛造詣，與對新文藝的創作，在國際上贏得無數榮譽，如：美國世界大學榮譽文學博士、美國馬奎士國際大學榮譽文學博士、美國艾因斯坦國際學院榮譽人文學博士（包括哲學、文學、藝術、語言四類）、英國劍橋國際傳記中心副總裁（代表亞洲）、英國莎士比亞詩、小說與人文學獎得主，現在出版《全集》中。

壹、家世．堂號

張萬熙先生，江西省德化人（今九江），先祖玉公，明末時以提督將軍身份鎮守雁門關，蒙古騎兵入侵，戰死於東昌，後封爲「河間王」。其子輔公，進士出身，歷任文官。後亦奉召領兵「三定交趾」，因戰功而封爲「定興王」。其子貞公亦有兵權，因受奸人陷害，自蘇州嘉定（即今上海市一區），謫居潯陽（今江西九江）。祖宗牌位對聯爲：嘉定源流遠，潯陽歲月長；右書「清河郡」、左寫「百忍堂」。

貳、來臺灣的過程

民國三十八年，時局甚亂，張萬熙先生攜家帶眷，在兵荒馬亂人心惶惶時，張先生從湖南長沙火車站，先將一千多度的近視眼弱妻，與四個七歲以下子女，從車窗口塞進車廂，自己則擠在廁所內動彈不得，千辛萬苦的從湖南長沙搭火車南下廣州，從廣州登商輪來臺。七月三日抵基隆，由同學顧天一先生，接到臺北縣永和鎮鄉下暫住。

參、在臺灣一甲子奮鬥的過程

一、初到臺灣的生活

家小安頓妥後，張萬熙先生先到臺北萬華，一家新創刊的《經濟快報》擔任主編，但因財務不濟，四個月不到便草草結束。幸而另謀新職，舉家遷往左營擔任海軍總司令辦公室秘書，負責紀錄整理所有軍務會報紀錄。

民國四十六年，張先生自左營來臺北任職國防部史政局編纂《北伐戰史》（歷時五年多浩大工程，編成綠布面精裝本、封面燙金字《北伐戰史》叢書），完成後在「八二三」炮戰前夕又調任國防部總政治部，主管陸、海、空、聯勤文宣業務，四十七歲自軍中正式退役後轉任文官，在臺北市中山堂的國民大會主編研究世界各國憲法政治的十六開大本的《憲政思潮》，作者、譯者都是台灣大學、政治大學的教授、系主任，首開政治學術化先例。

張先生從左營遷到臺北大直海軍眷舍，只是由克難的甘蔗板隔間眷舍改爲磚牆眷舍，大小一般，但邊間有一片不小的空地，子女也大了，不能再擠在一間房屋內，因此，張先生加蓋了三間竹屋安頓他們。但眷舍右上方山上是一大片白色天主教公墓，在心理上有一種「與鬼爲鄰」的感覺。張夫人有一千多度的近視眼，她看不清楚，子女看見嘴裡不講，心裡都不舒服。張先生自軍中假退役後，只拿八成俸。

張先生因爲有稿費、版稅，還有些積蓄，除在左營被姓譚的同學騙走二百銀元外，剩下的積蓄還可以做點別的事。因爲住左營時在銀行裡存了不少舊臺幣，那時左營中學附近的土地只要三塊多錢一坪，張先生可以買一萬多坪。但那時政府的口號是「一年準備，兩年反攻，三年掃蕩，五年成功。」張先生信以爲真，三十歲左右的人還是「少不更事」，平時又忙著上班、寫作，實在不懂政治、經濟大事，以爲政府和「最高領袖」不會騙人，五年以內真的可以回大陸，張先生又有「戰士授田證」。沒想到一改用新臺幣，張先生就損失一半存款，呼天不應。但天理不容，姓譚的同學不但無后，也死了三十多年，更沒沒無聞。張先生作人、看人的準則是：無論幹什麼都是「誠信」第一，因果比法律更公平、更準。欺人不可欺心，否則自食其果。

二、退休後的寫作生活

張先生四十七歲自軍職退休後，轉任台北市中山堂國大會主編十六開大本研究各國憲法政治的《憲政思潮》十八年，時任簡任一級資料組長兼圖書館長。並在東吳大學兼任副教授二十年、香港廣大學院指導教授、講座教授、指導論文寫作、不必上課。六十四歲時即請求自公職提前退休，以業務重要不准，但取得國民大會秘書長（北京朝陽大學法律系畢業）何宜武先生的首肯，六十五歲依法退休。當時國民大會、立法院、監察院簡任一級主管多延至七十歲退休，因所主管業務富有政治性，與單純的行政工作不同，六十五歲時張先生雖達法定退休年齡，還是延長了四個月才正式退休，何秘書長宜武大惑不解地問張先生：「別人請求延長退休而不可得，你爲什麼反而要求退休？」張先生答以「專心寫作」，何秘書長才坦然不疑。退休後日夜寫作，因胸有成竹，很快完成了一百九十多萬字的大長篇小說《紅塵》，在鼎盛時期的《臺灣新生報》連載四年多，開中國新聞史中報紙連載最大長篇小說先河。但報社還不敢出版，經讀者熱烈反映，才出版前三大冊。當年十二月即獲行政院新聞局「著作金鼎獎」與嘉新文化基金會「優良著作獎」，亦無前例。《台灣新生報》又出九十三章至一百二十二章，只好名爲《續集》。墨人在書前題五言律詩一首：

浩劫末埋身，揮淚寫紅塵，非名非利客，孰晉孰秦人？
毀譽何清問？吉凶自有因。天心應可測，憂道不憂貧。

二〇〇四年初，巴黎 youfeng 書局出版豪華典雅的法文本《紅塵》，亦開「五四」以來中文作家大長篇小說進入西方文學世界重鎮先河。時爲巴黎舉辦「中國文化年」期間，兩岸作家多由政府資助出席，張先生未獲任何資助，亦未出席，但法文本《紅塵》卻在會場展出，實爲一大諷刺。張先生一生「只問耕耘，不問收穫」的寫作態度，七十多年來始終如一，不受任何外在因素影響。

肆、特殊事蹟與貢獻

一、《紅塵》出版與中法文學交流

《紅塵》寫作時間跨度長達一世紀，由清朝末年的北京龍氏家族的翰林第開始，寫到八國聯軍、滿清覆亡、民國初建、八年抗日、國共分治下的大陸與臺灣，續談臺灣的建設發展、開放大陸探親等政策。空間廣度更遍及大陸、臺灣、日本、緬甸、印度，是一部中外罕見的當代文學鉅著。墨人五十七歲時應邀出席在西方文藝復興聖地佛羅倫斯所舉辦的首屆國際文藝交流大會，會後環遊地球一周。七十歲時應邀訪問中國大陸四十天，次年即出版《大陸文學之旅》。《紅塵》一書最早於臺灣新生報連載四年多，並由該報連出三版，臺灣新生報易主後，將版權交由昭明出版社出版定本六卷。由於本書以百年來外患內亂的血淚史爲背景，寫出中國人在歷史劇變下所顯露的生命態度、文化認知、人性的進取與沉淪，引起中外許多讀者極大共鳴與回響。

旅法學者王家煜博士是法國研究中國思想的權威，曾參與中國古典文學的法文百科全書翻譯工作，他認爲深入的文化交流仍必須透過文學，而其關鍵就在於翻譯工作。從五四運動以來，中西文化交流一直是西書中譯的單向發展。直到九十年代文建會提出「中書外譯」計畫，臺灣作家才逐漸被介紹到西方，如此文學鉅著的翻譯，算是一個開始。

王家煜在巴黎大學任教中國上古思想史，他指出《紅塵》一書中所引用的詩詞以及蘊含中國思想的博大精深，是翻譯過程中最費工夫的部分。爲此，他遍尋參考資料，並與學者、詩人討論，歷時十年終於完成《紅塵》的翻譯工作，本書得以出版，感到無比的欣慰。他笑著說，這可說是「十年寒窗」。

《紅塵》法文譯本分上下兩大冊，已由法國最重要的中法文書局「友豐書店」出版。友豐負責人潘立輝謙沖寡言，三十年多來，因對中法文化交流有重大貢獻而獲得法國授予文化「騎士勳章」的榮譽。他於五年前開始成立出版部，成爲歐洲一家以出版中國圖書法文譯著爲主業的華人出版社。

潘立輝表示，王家煜先生的法文譯筆典雅、優美而流暢，使他收到「紅塵」譯稿時，愛得不忍釋手，他以一星期的時間一口氣看完，經常讀到凌晨四點。他表示出版此書不惜成本，不太可能賺錢，卻感到十分驕傲，因爲本書能讓不懂中文的旅法華人子弟，更瞭解自己文化根源的可貴之處，同時，本書的寫作技巧必對法國文壇有極大影響。

二、不擅作生意

張先生在六十五歲退休之前，完全是公餘寫作，在軍人、公務員生活中，張先生遭遇的挫折不少。軍職方面，張先生只升到中校就不做了，因爲過去稱張先生爲前輩、老長官的人都成爲張先生的上司，張先生怎麼能做？因爲張先生的現職是軍聞社資料室主任（他在南京時即任國防部新創立的「軍事新聞總社」實際編輯主任，因言守元先生是軍校六期老大哥，未學新聞，不在編輯之列）。但張先生以不求官，只求假退役，不擋人官路，這才退了下來。那時養來亨雞風氣盛行，在南京軍聞總社任外勤記者的姚秉凡先生頭腦靈活，他即時養來亨雞，張先生也「東施效顰」，結果將過去稿費積蓄全都賠光。

三、家庭生活與運動養生

張先生大兒子考取中國廣播公司編譯，結婚生子，廿七年後才退休，長孫修明取得美國南加州大學電機碩士學位，之後即在美國任電機工程師。五個子女均各婚嫁，小兒子選良以獎學金取得美國華盛頓大學化學工程博士，媳蔡傳惠為伊利諾理工學院材料科學碩士，兩孫亦已大學畢業就業，落地生根。

張先生兩老活到九十一、九十二歲還能照顧自己。（近年以一印尼女「外勞」代做家事）張先生一伏案寫作四、五小時都不休息，與臺大外文系畢業的長子選翰兩人都信佛，六十五歲退休後即吃全素。低血壓十多年來都在五十五至五十九之間，高血壓則在一百一十左右，走路「行如風」，年輕人很多都跟不上張先生，比起初來臺灣時毫不遜色，這和張先生運動有關。因為張先生住大直後山海軍眷舍八年，眷舍右上方有一大片白色天主教公墓，諸事不順，公家宿舍小，又當西曬，張先生靠稿費維持七口之家和五個子女的教育費。三伏天右手墊塡著毛巾，背後電扇長吹，三年下來，得了風濕病，手都舉不起來，花了不少錢都未治好。後來章斗航教授告訴張先生，圓山飯店前五百完人塚廣場上，有一位山西省主席閻錫山的保鑣王延年先生在教太極拳，勸張先生天一亮就趕到那裡學拳，一定可以治好。張先生一向從善如流，第二天清早就向王延年先生報名請教，王先生有教無類，收張先生這個年已四十的學生，王先生先不教拳，只教基本軟身功攀腿，卻受益非淺。

四、耿直的公務員性格

張先生任職時向來是「不在其位，不謀其政」。後來升簡任一級組長，有一位「地下律師」的專員，平時鑽研六法全書，混吃混喝，與西門町混混都有來往，他的前任爲大畫家齊白石女婿，平日公私不分，是非不明，借錢不還，沒有口德，人緣太差，又常約那位「地下律師」專員到家中打牌。那專員平日不簽到，甚至將簽到簿撕毀他都不哼一聲，因爲爲他多報年齡，屆齡退休時想更改年齡，但是得罪人太多，金錢方面更不清楚，所以不准再改年齡，組長由張先生繼任。

張先生第一次主持組務會報時，那位地下律師就在會報中攻擊圖書科長，張先生立即申斥，並宣佈記過。簽報上去處長都不敢得罪那地下律師，又說這是小事，想馬虎過去，張先生以秘書處名譽紀律爲重，非記過不可，讓他去法院告張先生好了。何宜武祕書長是學法的，他看了張先生簽呈同意記過，那位地下律師「專員」不但不敢告，只暗中找一位不明事理的國大「代表」來找張先生的麻煩。因事先有人告訴他，張先生完全不理那位代表，他站在張先生辦公室門口不敢進來，幾分鐘後悄然而退。人不怕鬼，鬼就怕人。諺云：「一正壓三邪」，這是經驗之談。直到張先生退休，那位專員都不敢惹事生非，西門町流氓也沒有找張先生的麻煩，當年的代表十之八九已上「西天」，張先生活到九十二歲還走路「行如風」，一坐到書桌，能連續寫作四、五小時而不倦，不然張先生怎麼能在兩岸出版約三千萬字的作品？

（原載新文豐《紮根台灣六十年》，墨人民國一百年十一月十三日校正）

墨人博士作品全集

文學是千秋藝業
秦皇漢武今何在
李白杜甫仍風流

全集共分四大類
一、散文類　二、小說類
三、文學理論類
四、新詩古典詩詞類

我出生於一個「萬般皆下品，惟有讀書高」的傳統文化家庭，且深受佛家思想影響，因祖母信佛，兩個姑母先後出家，大姑母是帶著賠嫁的錢購買依山傍水風景很好，上名山廬山的必經之地的「天后宮」出家的，小姑母的廟則在鬧中取靜的市區。我是父母求神拜佛後出生的男子，並寄名佛下，乳名聖保，上有二姊下有一妹都夭折了，在那個重男輕女的時代！我自然水漲船高了。我記得四、五歲時一位面目清秀，三十來歲文質彬彬的李瞎子替我算命，母親問李瞎子，我的命根穩不穩？能不能養大成人？李瞎子說我十歲行運，幼年難免多病，可以養大成人，但是會遠走高飛。母親聽了憂喜交集，在那個時代不但妻以夫貴。也以子貴，有兒子在身邊就多了一層保障。母親的心理壓力很大，李瞎子的「遠走高飛」那句話可不是一句好話。

到現在八十多年了，我還記得十分清楚。母親暗自憂心。何況科舉已經廢了，不必「進京趕考」，更不會「當兵吃糧」，安安穩穩作個太平紳士或是教書先生不是很好嗎？我們張家又是大族，人多勢眾，不會受人欺侮，何況二伯父的話此法律更有權威，人人敬仰，去外地「打流」又有什麼好處？因此我剛滿六歲就正式拜孔夫子入學啓蒙，從《三字經》、《百家姓》、《千字文》、《千家詩》、《論語》、《大學》、《中庸》……《孟子》、《詩經》、《左傳》讀完了都要整本背，在十幾位學生中，也只有我一人能背，我背書如唱歌，窗外還有人偷聽，他們實在缺少娛樂。除了我父親下雨天會吹吹笛子、簫，消遣之外，沒有別的娛樂，我自幼歡喜絲竹之音，但是很少聽到。讀書的人也只有我們三房、二房兩兄弟，二伯父在城裡當紳士，偶爾下鄉排難解紛，他是一族之長，更受人尊敬，因為他大公無私，又有一百八十公分左右的身高，眉眼自有威嚴，能言善道，他的話比法律更有效力，加之民性純樸，真是「夜不閉戶，道不失遺」。只有「夏都」廬山才有這麼好的治安。我十二歲前就讀完了四書、詩經、左傳、千家詩。我最喜歡的是《千家詩》和《詩經》。

關關雎鳩，在河之洲，
窈窕淑女，君子好逑。

我覺得這種詩和講話差不多，可是更有韻味。我就喜歡這個調調。《千家詩》我也喜歡，我背得更熟。開頭那首七言絕句詩就很好懂：

雲淡風清近午天，傍花隨柳過前川。
時人不識余心樂，將謂偷閒學少年。

老師不會作詩，也不講解，只教學生背，我覺得這種詩和講話差不多，但是更有韻味。我也了解大意，我以讀書爲樂，不以爲苦。這時老師方教我四聲平仄，他所知也止於此。

我也喜歡《詩經》，這是中國最古老的詩歌文學，是集中國北方詩歌的大成。可惜三千多首被孔子刪得只剩三百首。孔子的目的是：「詩三百，一言以蔽之，曰思無邪。」孔老夫子將《詩經》當作教條。詩是人的思想情感的自然流露，是最可以表現人性的。先民質樸，孔子既然知道「食色性也」，對先民的集體創作的詩歌就不必要求太嚴，以免喪失許多文學遺產和地域特性。楚辭和詩經不同，就是地域特性和風俗民情的不同。文學藝術不是求其同，而是求其異。這樣才會多彩多姿。文學不應成爲政治工具，但可以移風易俗，亦可淨化人心。我十二歲以前所受的基礎教育，獲益良多，但也出現了一大危機，沒有老師能再教下玄。幸而有一位年近二十歲的姓王的學生在廬山一未立案的國學院求學，他問我想不想去？我自然想去，但廬山夏涼，冬天太冷，父親知道我的心意，並不反對，他對新式的人手是刀尺的教育沒有興趣，我便在飄雪的寒冬同姓王的爬上廬山，我生在平原，這是第一次爬上高山。

在廬山我有幸遇到一位湖南岳陽籍的閻毅字任之的好老師，他只有三十二歲，飽讀詩書，與民國初期的江西大詩人散原老人唱和，他的王字也寫的好。有一天他要六七十位年齡大小不一的學生各寫一首絕句給他看，我寫了一首五絕交上去，廬山松樹不少，我生在平原是看不到松樹的，我是即景生情，信手寫來，想不到閻老師特別將我從大教室調到他的書房去，在他右邊靠牆壁另加一桌一椅，教我讀書寫字，並且將我的名字「熹」改爲「熙」，視我如子。原來是他很欣賞我那首五絕中的「疏松月影亂」這一句。我只有十二歲，不懂人情世故，也不了解他的深意。時任漢口市長張群的侄子張繼文還小我一歲，卻是個天不怕、地不怕的小太保，江西省主席熊式輝的兩個小舅子大我幾歲，閻老師的侄子卻高齡二十八歲。學歷也很懸殊，有上過大學的、高中的，多是對國學有興趣，支持學校的袞袞諸公也都是有心人士，新式學校教育日漸西化，國粹將難傳承，所以創辦了這樣一個尚未立案的國學院，也未大張旗鼓正式掛牌招生，但聞風而至的要人子弟不少，校方也本著「有教無類」的原則施教，閻老師也是義務施教，他與隱居廬山的要人嚴立三先生也有交往。（抗日戰爭一開始嚴立三即出山任湖北省主席，諸閻老師任省政府秘書，此是後話。）同學中權貴子弟亦多，我雖不是當代權貴子弟，但九江先組玉公以提督將軍身分抵抗蒙古騎兵入侵雁門關戰死東昌（雁門關內北京以西縣名，一九九〇年我應邀訪問大陸四十天時去過。）而封河間王；其子輔公。以進士身分出仕，後亦應昭領兵三定交趾而封定興王；其子貞公亦有兵權，因受政客讒害而自嘉定謫居潯陽。大詩人白居易亦曾謫為江州司馬，我另一筆名即用江州司馬。我是黃帝第五子揮的後裔，他因善造弓箭而賜姓張。遠祖張良是推薦韓信為劉邦擊敗楚霸王項羽的漢初三傑之首。他有知人之明，深知劉邦可以共患難，不能共安樂，所以悄然引退，作逍遙遊，不像韓信為劉邦拼命打天下，立下汗馬功勞，雖封三齊王卻死於未央宮呂后之手。這就是不知進退的後果。我很敬佩張良這位遠祖，抗日戰爭初期（一九三八）我為不作「亡國奴」，即輾轉赴臨時首都武昌以優異成績考取軍校，一位落榜的姓熊的同學帶我們過江去漢口。中共未公開招生的「抗日大學」（當時國共合作抗日，中共在漢口以「抗大」名義吸收人才。）辦事處參觀，接待我們的是一位讀完大學二年級才貌雙全，口才奇佳的女生獨對我說負責保送我免試進「抗大」一期，因未提其他同學，我不去。一年後我又在軍校提前一個月畢業，因我又考取陪都重慶中央政府培養高級軍政幹部的中央訓練團，而特設的新聞「新聞研究班」第一期，與我同期的有為新詩奉獻心力的覃子豪兄（可惜五十二歲早逝）和中央社東京分社主任兼國際記者協會主席的李嘉兄。他在我訪問東京時曾與我合影留念，並親贈我精裝《日本專欄》三本。他七十歲時過世，這兩張照片我都編入「全集」一百九十多萬字的空前大長篇小說（紅塵）照片類中。而今在台同學只有兩位了。

民國二十八年（一九三九）九月我以軍官、記者雙重身分，奉派到第三戰區最前線的第三十二集團軍上官雲相總部所在地，唐宋八大家之一，又是大政治家王安石，尊稱王荆公的家鄉臨川，（屬撫州市）作軍事記者，時年十九歲，因第一篇戰地特寫《臨川新貌》經第三戰區長官都主辦的行銷甚廣的《前線日報》發表，隨即由淪陷區上海市美國人經營的《大美晚報》轉載，而轉爲文學創作，因我已意識到新聞性的作品易成「明日黃花」，文學創作則可大可久，我爲了寫大長篇《紅塵》、六十四歲時就請求提前退休，學法出身的秘書長何宜武先生大惑不解，他對我說：

「別人想幹你這個工作我都不給他，你爲什麼要退？」我幹了十幾年他只知道我是個奉公守法的張萬熙，不知道我是「作家」墨人，有一次國立師範大學校長劉真先生告訴他張萬熙就是墨人，劉校長看了我在當時的「中國時報」發表的幾篇有關中國文化的理論文章，他希望我繼續寫，劉校長真是有心人。沒想到他在何宜武秘書長面前過獎，使我不能提前退休，要我幹到六十五歲多四個月才退了下來。現在事隔二十多年我才提這件事。鼎盛時期的（台灣新生報）連載四年多的拙作《紅塵》出版前三冊時就同時獲得新聞局著作金鼎獎和嘉新文化基金會「優良著作獎」，劉真校長也是嘉新文化基金會的評審委員之一，他一定也是投贊成票的。「世有伯樂而後有千里馬」。我九十二歲了，現在經濟雖不景氣，但我還是重讀重校了拙作「全集」我一向只問耕耘，不問收穫，我歷任軍、公、教三種性質不同的職務，經過重重考核關卡，寫作七十三年，經過編者的考核更多，我自己從來不辦出版社。我重視分工合作。我頭腦清醒，是非分明，歷史人物中我更敬佩遠祖張良，不是劉邦。張良的進退自如我更歎服。在政治角力場中要保持頭腦清醒，人性尊嚴並非易事。我們張姓歷代名人甚多，我對遠祖張良的進退自如尤爲歎服，因此我將民國四十年在台灣出生的幼子依譜序取名選良。他早年留美取得化學工程博士學位，雖有獎學金，但生活仍然艱苦，美國地方大，出入非有汽車不可，這就不是獎學金所能應付的，我不能不額外支持，他取得化學工程博士學位與取得材料科學碩士學位的媳婦蔡傳惠雙雙回台北探親，且各有所成，幼子曾研究生產了飛機太空船用的抗高溫的纖維，媳婦則是一家公司的經理，下屬多是白人，兩孫亦各有專長，在台北出生的長孫是美國南加州大學的電機碩士，在經濟不景氣中亦獲任工程師，我不要第三代走這條文學小徑，是現實客觀環境的教訓，我何必讓第三代跟我一樣忍受生活的煎熬，這會使有文學良心的人精神崩潰的。我因經常運動，又吃全素二十多年，九十二歲還能連寫四、五小時而不倦。我寫作了七十多年，也苦中有樂，但心臟強，又無高血壓，一是得天獨厚，二是生活自我節制，我到現在血壓還是60－110之間，沒有變動，寫作也少戴老花眼鏡，走路仍然「行如風」，十分輕快，我在國民大會主編《憲政思潮》十八年，看到不少在大陸選出來的老代表，走路兩腳在地上蹉跎，這就來日不多了。個人的健康與否看他走路就可以判斷，作家寫作如在八十歲以後還不戴老花眼鏡，沒有高血壓，長命百歲絕無問題。如再能看輕名利，不在意得失，自然是仙翁了。健康長壽對任何人都很重要，對詩人作家更重要。

一九九〇年我七十歲應邀訪問大陸四十天作「文學之旅」時，首站北京，我先看望已九十高齡的老前輩散文作家，大家閨秀型的風範，平易近人，不慍不火的冰心，她也「勞改」過，但仍心平氣和。本來我也想看看老舍，但老舍已投湖而死，他的公子舒乙是中國現代文學館的副館長，他也出面接待我，還送了我一本他編寫的《老舍之死》，隨後又出席了北京詩人作家與我的座談會，參加七十賤辰的慶生宴，彈指之間卻已二十多年了。我訪問大陸四十天，次年即由台北「文史哲出版社」出版照片文字俱備的四二五頁的《大陸文學之旅》。不虛此行。大陸文友看了這本書的無不驚異，他們想不到我七十一高齡還有這樣的快筆，而又公正詳實。他們不知我行前的準備工作花了多少時間，也不知道我一開筆就很快。

我拜會的第二位是跌斷了右臂的詩人艾青，他住協和醫院，我們一見如故，他是浙江金華人，卻體格高大，性情直爽如燕趙之士，完全不像南方金華人。我們一見面他就緊握著我的手不放，侃侃而談，我不知道他編《詩刊》時選過我的新詩。在此之前我交往過的詩人作家不少，沒有像他如此豪放真誠，我告別時他突然放聲大哭，陪我去看他的北京新華社社長族侄張選國先生，陪我四十天作《大陸文學之旅》的廣州電視台深圳站站長高麗華女士，文字攝影記者譚海屏先生等多人，不但我爲艾青感傷，陪同我去看艾青的人也心有戚戚焉，所幸他去世後安葬在八寶山中共要人公墓，他是大陸唯一的詩人作家有此殊榮。台灣單身詩人同上校軍文黃仲琮先生，死後屍臭才有人知道，他小我二歲，如我不生前買好八坪墓地，連子女也只好將我兩老草草火化，這是與我共患難一生的老伴死也不甘心的，抗日戰爭時她父親就是我單獨送上江西南城北門外義山土葬的。這是中國人「入土爲安」的共識。也許有讀者會問這和文學創作有什麼關係？但文學創作不是單純的文字工作，而是作者整個文化觀、文學觀，人生觀的具體表現，不可分離。詩人作家不能「瞎子摸象」，還要有「舉一反三」的能力。我做人很低調。寫作也不唱高調，但也會作不平之鳴、仗義直言。我不鄉愿，我重視一步一個腳印，「打高空」可以譁眾邀寵於一時，但「旁觀者清」，讀者中藏龍臥虎，那些不輕易表態的多是高人。高人一旦直言不隱，會使洋洋自得者現出原形。作品一旦公諸於世，一切後果都要由作者自己負責，這也是天經地義的事。

我寫作七十多年無功無祿，我因熬夜寫作頭暈住馬偕醫院一個星期也沒有人知道，更不像大陸的當代作家、詩人是有給制，有同教授的待過，而稿費、版稅都歸作者所有。依據民國九十八年一月十日「中國時報」A十四版「二〇〇八年中國作家富豪榜單」二十五名收入人民幣的數字統計，第一高的郭敬明一年是一千三百萬人民幣，第二名鄭淵潔是一千一百萬人民幣，第三名楊紅櫻是九百八十萬人民幣。最少的第二十五名的李西閩也有一百萬人民幣，以人民幣與台幣最近的匯率近一比四・五而言，現在大陸作家一年的收入就如此之多，是我一九九〇年應邀訪問大陸四十天作文學之旅時所未想像到的，而現在的台灣作家與我年紀相近的二十年前即已停筆，原因之一是發表出版兩難，二是年齡太大了。民國九十八年（二〇〇九）以前就有張漱菡（本名欣禾）、尹雪曼、劉枋、王書川、艾雯、嚴友梅六位去世，嚴友梅還小我四、五歲，小我兩歲的小說家楊念慈則行動不便，鬍鬚相當長，可以賣老了。我托天佑，又自我節制，二十多年來吃全素，又未停止運動，也未停筆，最近在台北榮民總醫院驗血檢查，健康正常。我也有我的養生之道，每天吃枸杞子明目，吃南瓜子抑制攝護腺肥大，多走路、少坐車，伏案寫作四、五小時而不疲倦，此非一日之功。

民國九十八（二〇〇九）己丑，是我來台六十周年，這六十年來只搬過兩次家，第一次從左營搬到台北大直海軍眷舍，在那一大片天主教白色公墓之下，我原先不重視風水，也無錢自購住宅，想不到鄰居的子女有得神經病的，有在金門車禍死亡的，大人有坐牢的，有槍斃的，也有得神經病的，我退役養雞也賠光了過去稿費的積蓄，讀台大外文系的大兒子也生病，我則諸事不順，直到搬到大屯山下坐北朝南的兩層樓的獨門獨院自宅後，自然諸事順遂，我退休後更能安心寫作，遠離台北市區，真是「市遠無兼味，地僻客來稀。」同里鄰的多是市井小民，但治安很好，誰也不知道我是爬格子的，連警察先生也不光顧舍下，除了近十年常有人打電話來騙我，幸未上大當外，我安心過自己的生活。當年「移民潮」去不了美國的也會去加拿大，我是「美國人」的祖父，我不移民美國，更別說去加拿大了。娑婆世界無常，早年即移民美國的琦君（本名潘希真）、彭歌，最後還是回到台灣來了，這不能說台灣是「天堂」，以我的體驗而言是台北市氣候宜人，夏天三十四度以上的日子少，冬天十度以下的日子也很少，老年人更不能適應零度以下的氣溫，我只有冬天上大屯山、七星山頂才能見雪。有高血壓、心臟病的老人更不能適應。我不想做美國公民，做台灣平民六十多年，也沒有自卑感。

娑婆世界是一個無常的世界，天有不測風雲，人有旦夕禍福，老子早說過：「福兮禍所倚，禍兮福所伏。」禍福無門，唯人自招。我一生不起歪念，更不損人利己，與人爲善。雖常吃暗虧，只當作上了一課。這個花花世界是我學不完的大教室，萬丈紅塵其中也有黑洞，我心存善念，更不造文字孽，不投機取巧，不違背良知，蒼天自有公斷，我本著文學良心寫作，盡其在我而已，讀者是最好的裁判。

民國一〇〇年（二〇一一）辛卯七月二十九日下午六時二十三分於紅塵寄廬

1951 年墨人 31 歲與夫人曾麗春女士（30 歲）結婚十周年紀念合影於左營

墨人博士七十壽辰與夫人曾麗春女士合影。此照為大翻譯家、文學理論家黃文範先生所攝，並在照片背後題「南山北海惟仁者壽」。

民國二十九年(1940)作者墨人在江西南城戎裝照。

1939 年墨人即自戰時陪都四川重慶奉派至江西臨川王安石家鄉，第三戰區前線任軍事記者創辦軍報，提供抗日官兵精神食糧。時年 19 歲。

2010 年「五四」作者墨人 91 歲在花蓮和南寺家人合影

2003 年 8 月 26 日作者墨人（中）在含鄱口觀山景點與
作者長女韻華、長子選翰、三女韻湘、二女韻真合影。

2005 年 2 月作者次子選良（右一）回台北與父（右二）及
作者夫人（中）三女韻湘（左二）二女韻真（左一）合影。

作者墨人在書房留影，時年八十五歲。

《墨人博士大長篇小說〈紅塵〉法文譯本封面照片》

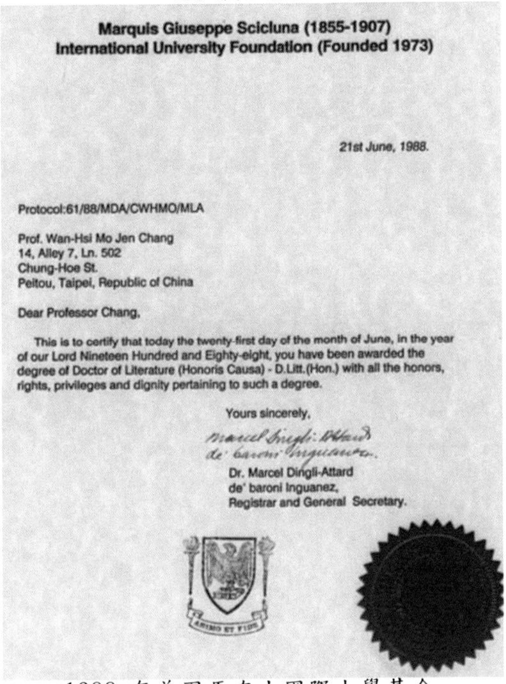

Marquis Giuseppe Scicluna (1855-1907)
International University Foundation (Founded 1973)

21st June, 1988.

Protocol:61/88/MDA/CWHMO/MLA

Prof. Wan-Hsi Mo Jen Chang
14, Alley 7, Ln. 502
Chung-Hoe St.
Peitou, Taipei, Republic of China

Dear Professor Chang,

This is to certify that today the twenty-first day of the month of June, in the year of our Lord Nineteen Hundred and Eighty-eight, you have been awarded the degree of Doctor of Literature (Honoris Causa) - D.Litt.(Hon.) with all the honors, rights, privileges and dignity pertaining to such a degree.

Yours sincerely,

Dr. Marcel Dingli-Attard
de' baroni Inguanez,
Registrar and General Secretary.

ANIMO ET FIDE

1988 年美國馬奎士國際大學基金會，授予張萬熙墨人教授榮譽文學博士學位證書。

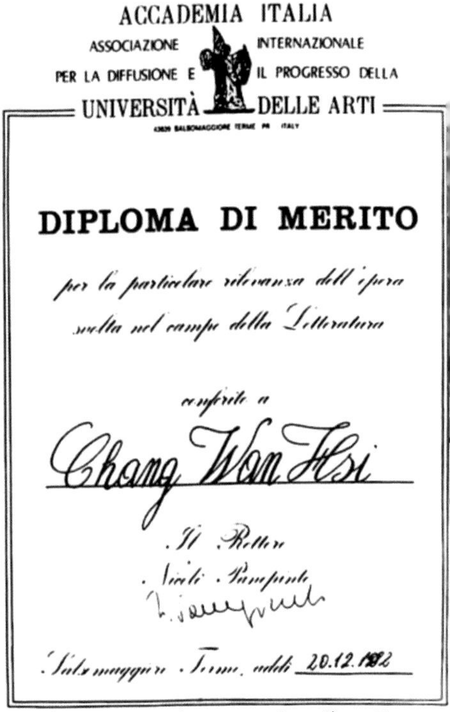

ACCADEMIA ITALIA
ASSOCIAZIONE INTERNAZIONALE
PER LA DIFFUSIONE E IL PROGRESSO DELLA
UNIVERSITÀ DELLE ARTI

DIPLOMA DI MERITO

per la particolare rilevanza dell'opera svolta nel campo della Letteratura

conferito a

Chang Wan Hsi

Il Rettore

Salsomaggiore Terme, addì 20.12.1982

義大利出版英、法、德、義四種文字的「國際文學史」的 ACCADEMIA ITALIA, 1982 年授予墨人的文學功績證書。

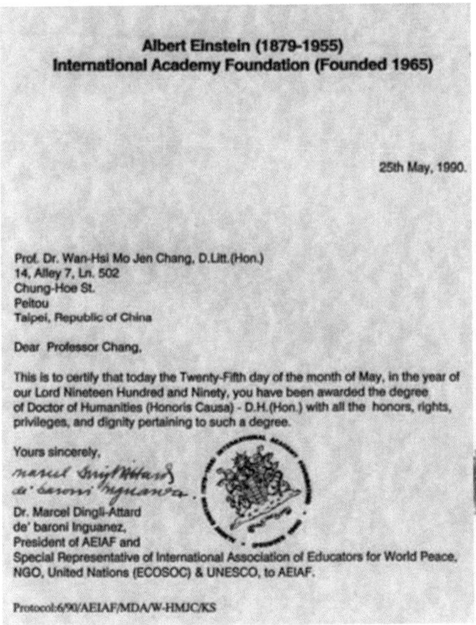

Albert Einstein (1879-1955)
International Academy Foundation (Founded 1965)

25th May, 1990.

Prof. Dr. Wan-Hsi Mo Jen Chang, D.Litt.(Hon.)
14, Alley 7, Ln. 502
Chung-Hoe St.
Peitou
Taipei, Republic of China

Dear Professor Chang,

This is to certify that today the Twenty-Fifth day of the month of May, in the year of our Lord Nineteen Hundred and Ninety, you have been awarded the degree of Doctor of Humanities (Honoris Causa) - D.H.(Hon.) with all the honors, rights, privileges, and dignity pertaining to such a degree.

Yours sincerely,

Dr. Marcel Dingli-Attard
de' baroni Inguanez,
President of AEIAF and
Special Representative of International Association of Educators for World Peace, NGO, United Nations (ECOSOC) & UNESCO, to AEIAF.

Protocol:6/90/AEIAF/MDA/W-HMJC/KS

1990 年美國愛因斯坦國際學院基金會授予張萬熙墨人教授榮譽人文學（含哲學文學藝術語言四種）博士學位

WORLD UNIVERSITY ROUNDTABLE
In Corporate Affiliation with the World University

Greetings

In recognition of Distinguished Achievement within the principles and purposes of the World University development, the Trustees of the Corporation, upon the nomination of the Secretariat, confer doctoral membership and this honorary award upon

Chang Wan-Hsi (Mo Jen)

The Cultural Doctorate in Literature

with all rights and privileges there to pertaining.

Witness our hand and seal at the International Secretariat
Regional Campus, Benson, Arizona
April 17, 1989

President of the Board of Trustees
Secretary of the Board of Trustees

1989 年美國世界大學授予張萬熙墨人榮譽文學博士學位，文化大學創辦人張其昀（曉峰）先生亦獲此榮譽。

THIS PICTORIAL TESTIMONIAL OF ACHIEVEMENT AND DISTINCTION

proclaims throughout the world that

DR. CHANG WAN-HSI (MO JEN)

is the recipient of the above-mentioned Honour, granted by the Board of Editors of the

2000 OUTSTANDING SCHOLARS OF THE 20TH CENTURY

meeting in Cambridge, England, on the date set out below,

AND that the Board also resolves that a portrait photograph of

DR. CHANG WAN-HSI (MO JEN)

be attached to this Testimonial as verification of the Honour bestowed.

2000 OUTSTANDING SCHOLARS OF THE 20TH CENTURY

First Edition

Signed and sealed on the 14th December 1999

Authorized Officer

1999年10月張萬熙墨人博士榮登英國劍橋國際傳記中心《二十世二千位傑出學者》第一版證書。

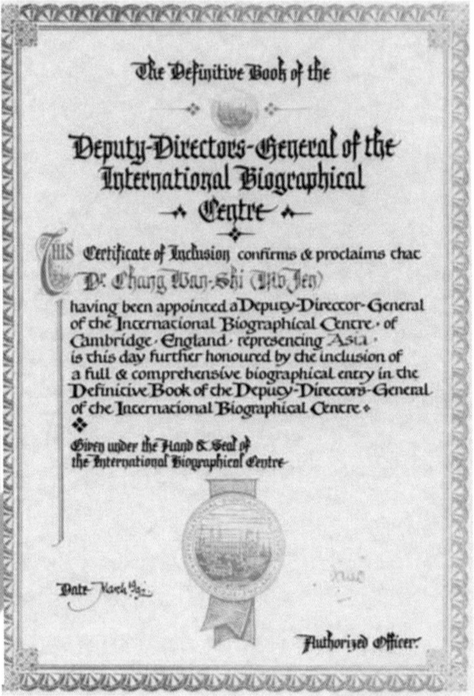

The Definitive Book of the

Deputy-Directors-General of the International Biographical Centre

THIS Certificate of Inclusion confirms & proclaims that

Dr. Chang Wan-shi (Mo Jen)

having been appointed a Deputy-Director-General of the International Biographical Centre of Cambridge England representing Asia is this day further honoured by the inclusion of a full & comprehensive biographical entry in the Definitive Book of the Deputy-Directors-General of the International Biographical Centre

Given under the Hand & Seal of the International Biographical Centre

Date March 1992

Authorized Officer

1992英國劍橋國際傳記中心（I.B.C.）任張萬熙墨人博士為代表亞洲的副總裁。

THE INTERNATIONAL SHAKESPEARE AWARD FOR LITERARY ACHIEVEMENT

This Illuminated Certificate of Merit commemorates and celebrates the life and work of

Dr. Chang Wan-Hsi (Mo Jen) DDG

and is therefore a rightful recipient of the Shakespeare Award for Literary Achievement and as such stands testament to the efforts made by said individual in the arena of

Poetry, Novels and the Humanities

Witnessed as the date set out below by the Officers of the International Biographical Centre at its Headquarters in Cambridge, England and signed by the Director General and Editor-In-Chief

16th March 2009

Director General　　Editor-In-Chief

2009年3月16日英國劍橋國傳記中心總裁與總編輯聯合授予張萬熙墨人博士國際莎士比亞文學成就獎。

International Biographical Centre Cambridge CB2 3QP England

REF : LAA/MED/MW-13640

13 November 2002

Dr Chang Wan-Hsi (Mo Jen) DDG
14 Alley 7, Lane 502
Chung Ho Street
Peitou
Taipei
Taiwan

Dear Dr Chang

Please find enclosed the Medal in respect of the **Lifetime Achievement Award** which I hope meets with your approval.

Yours sincerely

MICHELLE WHITEHALL
Personal Assistant to the Director General

Enc

英國劍橋國傳記中心（I.B.C.）2002年頒發詩人作家張萬熙（墨人）博士終身成就獎，英文信及金牌正反面照片墨人早年即被I.B.C.推選為副總裁。

墨人詩詞詩話 目次

詩話 二二篇

附錄

詩詞文學慧業千秋（代序）

墨　人

中國詩詞自三百篇以降，源遠流長，至唐代近體絕律詩，發展已至高峰，格律嚴謹，無懈可擊。至李白的〈菩薩蠻〉、〈憶秦娥〉出，詞的發展又見新機，開創了另一片文學天空。會者自由發揮，左右逢源，信手拈來，便成佳句，真是妙手天成。以詩而言，不識之無的禪宗六祖惠能，只聽了童子唱誦神秀的菩提詩偈：「身是菩提樹，心如明鏡臺。時時勤拂拭，勿使惹塵埃。」便唸出比神秀更好的詩偈來：「菩提本無樹，明鏡亦非臺。本來無一物，何處惹塵埃？」惠能不會寫字，這首詩還是請江州別駕張日用代他寫在牆壁上的。神秀是五祖弘忍的大弟子，很有學問。神秀與惠能這兩首詩偈，在文學上都沒有問題，但在思想境界、迷與悟的層次上，卻有天壤之別。我要特別提醒的是：惠能是個文盲，文盲而能唸出這首平仄無誤，若合符節的五言絕句來，這就不得不歸功於絕句形式的精簡完美了！「工欲善其事，必先利其器。」絕律詩的形式就是最利的「器」。不論五言七言，均無懈可擊。我不妨再舉一例。

唐朝開元時，繆氏有子七歲，以神童召試，賦〈新月〉詩一首如下：

初月如弓未上弦，分明掛在碧霄邊。
時人莫道蛾眉小，三五團圓照滿天。

這首詩確實好。如果不是七言絕句這一美好的形式，一位七歲的幼童怎能寫出這種詩來？如果以西方詩的形式，或我們新詩的形式來寫，即使是七十歲的老詩人，也絕對寫不出這種詩來。原因何在？器不利也！取法乎下也！

我寫了六十年的新詩，時間不能算短，比寫散文、小說、文學理論時間都長，但比寫近體絕律詩時間短。我十二歲就會寫五七言絕句，後來之所以寫新詩，一是年輕也趕流行，二是近體絕律詩難以發表。但我常暗自比較，總覺得新詩在文字語言藝術方面不如近體絕律詩含蓄、精鍊。因此我在一九八七年八月，在臺灣商務印書館出版了《全唐詩尋幽探微》。一九八九年六月，又由該館出版了《全唐宋詞尋幽探微》。今（二〇〇〇）年內又將另外出版《全宋詩尋幽探微》。這兩個朝代的文學瑰寶篇幅之巨，罕有其匹。不要說沒有人這麼整體寫過，讀完全唐宋詩詞的人又有幾位？不僅此也，我自己近二、三十年來陸續寫的近體絕律詩、短調和詩話，也輯成一本《墨人詩詞詩話》出版。這類「小眾文學」作品，不要說拿不到稿費，有地方出版已經是「萬幸」了。在這個一切向錢看的時代和社會，我這個「個體戶」，退休以後當了十幾年的「文學義工」。如今已八十高齡，還在當「義工」，且不死不休。在別人看來，有些不可思議。其所以如此，我是不忍看到我們祖先留下來的文學瑰寶在我們這一代人中萬劫不復！也不忍看見不少人捧著祖先的金飯碗向西方人討飯，才作這種傻事。如果新舊詩人能虛心檢討，共同努力，先賢的慧業是不難發揚光大的。

至於努力的方向、方法如何？我在詩話中多有具體的例證與說明，尤其是在思想境界方面著墨更多。我不徒托空言，不然我何必當「文學義工」？寫小說如此，詩詞、詩話亦復如此。

本集中共收拙作詩一七五首、聯一八副、詞一三闋、詩話二二篇。原本收有兩岸詩人贈詩多首，因出版人求好心切，以爲不合[redacted]體例，因此割愛。敬請詩友曲諒。

己卯（一九九九）五月十八日凌晨三時二十分於
紅塵寄廬中華古典詩詞研究所
庚辰（二〇〇〇）三月二日校正

二〇〇七年丁亥四月清明節後重[illegible]重校

《詩學津梁》序

墨人

「五四」以後，中國傳統詩詞日漸式微，其原因在於游學西方的學者大力提倡新詩。胡適首先出版白話詩「嘗試集」以爲先導，因而產生了中國新詩，但新詩不同於詞，詞者詩之餘也。詞不是革絕律詩的命，詞是詩的自然演進，仍然一脈相承，正如近體詩自古體詩演進而來一樣，血肉相連。新詩完全是橫的移植，不是縱的繼承，它與中國傳統詩詞缺少血統關係，胡適提倡新文學運動，在小說方面的衝擊，不像新詩那麼劇烈，因爲小說是用散文寫的，而且中國小說早就運用日常語言，宋人平話如此，水滸傳如此，金瓶梅如此，故事毫無所本，完全創作的紅樓夢更是如此，而紅樓夢的最大成功就在於語言文字的靈活運用。中國作家運用白話寫小說，早於胡適提倡白話文學幾百年。「五四」以後中國小說的改變只是將傳統的章回改爲西洋小說的一、二、三、四……，小說的結構、故事、人物的共同要素，中西一樣，所以影響很少。至於文字語言雖然民族文化背景不同而異其趣，但小說的文字語言迴旋的空間很大，作者可以各取所長，自由運用、發揮，篇幅的長短，亦無限制，所以中西小說並無基本衝突，亦無格格不入之處。

詩則不然。

詩不是用散文寫的，詩的文字語言有其特性和音樂性，中國傳統詩詞文字語言的精鍊，舉世無匹，尤其是絕律詩和短調，已入化境，充分表現了中國單音節文字的特性和優點。英國的商籟體詩亦難望其項背。因爲絕律詩、詞，不但要押韻，而且講究字的平仄，因此除了產生詩的意象美之外，還可以歌、可以詠，而同時表現了節奏美，予人以視覺上聽覺上的雙重享受。

新詩因爲是用白話寫的，既不押韻，亦不講究平仄，自然喪失了中國單音節字的許多組合上的優點。再加上白話文遠不如文言精鍊。因此，新詩所用的文字雖多，却不如傳統詩詞以極少的文字便能產生極多的意象。柳宗元的五絕「江雪」便是一個很好的例子：

千山鳥飛絕，萬徑人踪滅。
孤舟簑笠翁，獨釣寒江雪。

這首詩還用的是仄聲韻，如果用平聲韻的詩，在聽覺上會有更大更好的音樂效果。詞的音樂效果更強。

而胡適的「嘗試集」裏就沒有一首詩能達到中國傳統詩詞的意象美和音樂效果。這固然同他的才氣有關，主要原因還是文字語言工具取法乎下，因此連徐志摩也不能達到。迄今新詩已經寫了七十年，我們很希望能產生一個新詩的盛唐時代，只怕這條路還相當遙遠。如果新詩人能夠在詩的語言文字方面有空前突破，新詩的盛唐才能脫繭而出。但這是一個非常艱巨的工程。

傳統詩人要想再創造另一個傳統詩的盛唐時代也不容易，但這不是傳統詩的文字語言問題，而是怎樣運用中國單音節字的優點和特性，與現代思想觀念事物結合起來，創造屬於現代的傳統詩詞的新意象和新境界。這又是另一個非常艱巨的工程。不幸的是，能寫傳統詩詞的人已經愈來愈少，能懂詩詞的規律平仄的青年人更少，詩人的氣質和詩才更是一個先決條件。

大陸老教授程仁卿先生，是一位有心人，他爲了使中國傳統詩學得以延續、發展，以五年時間，編著了六十萬字的《詩學津梁》，分門別類，旁徵博引，並加注釋，用力甚深，用心良苦，他這種篤實務本的學人精神，令人起敬。他這本書對於有志於中國文學的青年人，眞是良師益友。日後再版時如能增訂傳統詩詞作法一章，則更完備。程教授遠在安徽，隔海函囑漱菡索序於余，盛情難却，故不揣翦陋，作卷頭語如上，亦以就教於高明。

戊辰臘月北投

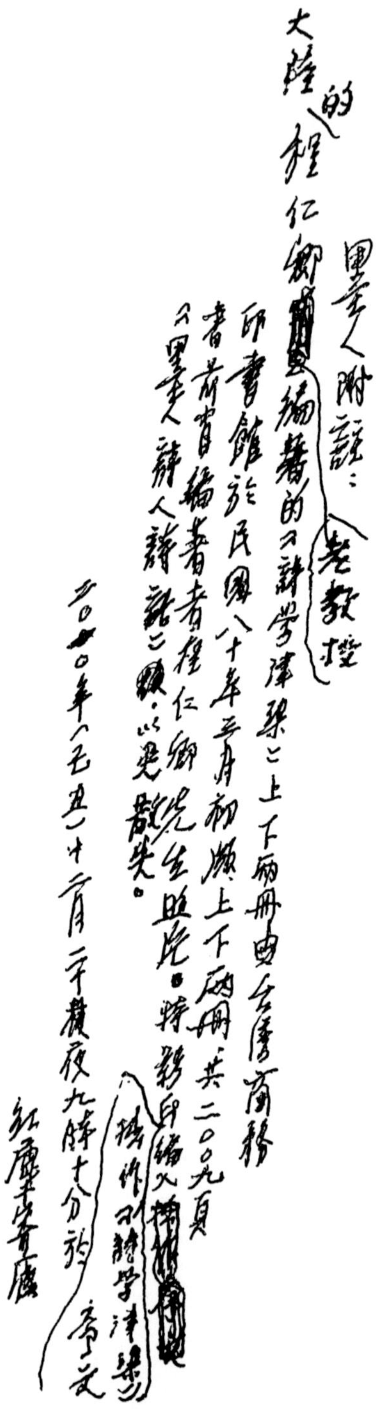
墨人附誌：大陸的老教授程仁卿編著的「詩學津梁」上下兩冊由台灣商務印書館於民國八十年五月初版上下兩冊共二〇九五頁，書前有編著者程仁卿先生照片。特將作者「詩學津梁」序文編入「墨人詩詞詩話」頭，以表敬意。

二〇〇九年（己丑）十一月一日夜九時十分於紅塵書屋

一代宗師老墨人

畫餅樓主

小說誰堪讀與吟？紅樓夢後有紅塵。（註一）
曹公未竟人成殍，墨老寫完病上身。（註二）
自古聖賢皆寂寞，從來奸佞賣靈魂。（註三）
利名都給猢猻輩，慧業千秋孰可倫？（註四）

忘年之交墨人老居士即將八十大壽，又逢來臺整整五十年，同時也是他從事文藝創作（新詩和小說）一甲子，「三合一」紀念，可喜可賀。忝爲知音，豈可無「禮」；這禮就是文前這首七律。文藝界人士大都曉得墨人，以小說創作爲主，並以新詩爲副，孰不知此老卻是古典詩詞一大「裡手」（湖南人稱行家曰裡手），只不過他從未輕易示人；若非機緣成熟，與桐城才女張漱菡和畫餅樓主，三人合組「中華古典詩詞研究所」，極可能這位不苟流俗的「在家的出家人」（墨老佛道雙修，受過「菩薩戒」，可稱得上是「今之古人」），永遠深藏不露下去。

墨老的幾部近作，筆者曾加細讀，諸如長篇小說《紅塵》、《全唐詩尋幽探微》、《全唐宋詞尋幽探微》，以及大陸出版的《張本紅樓夢》，共識之處頗多。尤其他那一百六十萬言的《紅塵》，不但可與曹雪芹的《紅樓夢》媲美，若論宏觀格局，實較《紅樓夢》有以過之。

除了以上幾部外，墨老在七十九歲和八十歲短短兩年時間，又完成兩部新著；一是四、五十萬字的長篇佛道「弘法」小說《娑婆世界》，一是《全宋詩尋幽探微》，我希望出版後先睹爲快，而且我也更深信，其中必有意想不到的寶藏。（其實老墨人本身，便是一塊「活寶」或「國寶」；只是中國文學隨國運而歷劫，黃鐘毀棄，瓦缶雷鳴。）

註一：一般文藝小說，只能看，不能讀，更無法吟而詠之；只有《紅樓夢》和《紅塵》可以讀，可以吟詠，令人盪氣迴腸！

註二：曹雪芹先生書沒寫完，竟然飢寒交迫，抑鬱而終。墨人先生告訴我，他勉力完成《紅塵》大長篇後，旋即病倒，後遺症耳鳴到現在還經常發作。我告訴墨老，我也有左耳偶鳴之症，但我常作「聽蟬」。他笑著說，也「只好如此」了！

註三：「自古聖賢皆寂寞」是成語，「從來奸佞賣靈魂」是筆者「創作」的聯語，矛頭指向當今文化界和文藝界中，一群「頭重腳輕根底淺，嘴尖皮厚腹中空」的二半調子。

註四：墨人老居士一向採「主動靠邊站」態度，當然這和他佛道雙修有關。不過筆者認為，文學、藝術皆千秋慧業，一時可以不爭，千秋還是要爭的。只是生祠多歸魏忠賢之輩，自古皆然，於今尤烈！

原載一九九九年六月十三日《世界論壇報》「世論新語」

為讀者獻上智慧的花朵

——專訪墨人先生

馮季眉

數十年來，墨人寫了詩、散文、小說各類作品，文體雖然不同，卻都是他對娑婆世界的關懷與觀照，是透過文字向讀者獻上他的思想之花、感情之花、智慧之花。

幽居紅塵裡

千丈紅塵百萬家，癡人不自想榮華。
浩然有意棄軒冕，摩詰存心掃落花。
昨夜流星飛北斗，今朝磨墨且塗鴉。
春來更覺生涯好，午夜頻頻聽鼓蛙。

——墨人〈北投幽居〉

在遠離臺北鬧區的大屯山麓下，一棟兩層樓的小樓房，是作家墨人的「紅塵寄廬」。多年前的北投地區還十分荒僻，交通既不便利，更少車馬人喧。然而這荒遠僻靜，看在深厭塵囂、只盼遠離市中心的繁管急絃的墨人眼中，正是他心嚮往的福地呢。於是，他住進了這倚山的小廬，天天享受不分時節照眼來的滿山青綠，以及大自然招待的清甜空氣、蟲鳴鳥唱、隨四季變換的繁花、滿室的清風。有幾人能在都市生活中，享受到這樣的林園之樂，而又把它化爲詩句呢？墨人在兩首〈北投幽居〉詩中，就道出了鄉居的無限快意。有這樣清幽的居住環境，他的文思更爲縱橫靈躍了。

墨人本名張萬熙，生於民國九年，今年七十六歲，寫作已逾五十年。他早年寫新詩，被視爲詩人，後來從事小說創作，寫了很多短、中、長篇，又被視爲小說家。他也寫散文及評論，還擅作傳統絕律詩，具有多方面的才情。難得的是，一般作家過了耳順之年，多已封筆・墨人卻持續寫作、出書，迄今未曾停筆。最可佩的是，他在六十五歲退休後，以無比的毅力經營一百多萬字的長篇小說《紅塵》，書成之後，所獲評價很高，有評者譽之爲可與《紅樓夢》媲美之作。民國八十年，《紅塵》先後獲得著作金鼎獎以及嘉新優良著作獎，有文友以「庾信文章老更成。凌雲健筆意縱橫」之句賀他年逾七旬猶能開創新境。

以陶淵明為師的潯陽子弟

憶江州，夢江州，夢見匡廬一片秋。長江日夜流。

桑枝柔，柳枝柔，甘棠湖水綠悠悠。相思到白頭。

這是墨人因爲思鄉而填的一闋詞〈長相思〉。他的故鄉江西九江，臨鄱陽湖，古名江州，也稱潯陽，境內有天下名山廬山，有周瑜練水師的甘棠湖，有白居易送客的湓浦口。故鄉對他的影響極深。鄉賢陶淵明質樸的詩風、淡泊高遠的生命境界，是他深所仰慕的。廬山的奇秀，吸引他在山上住了三年；他熟悉山中的一景一物，這些景致，多次成爲他小說中的背景。出於思鄉之情，他寫了不少好詩。可說他淡泊的人生觀、質樸的天性、對詩的熱情、對田園生活的喜愛與追求，這些將他孕育爲一個詩人、作家的特質，在在都是直接、間接出自故鄉的孕育與影響。

在朋友眼中，他是個樸實無華的人，也有人說他是「外圓內方」——待人溫和，但是內心有其執著。他對朋友很真誠，可是不喜歡花太多時間社交，他寧可把時間留下來讀書。他說：「沒有時間讀書，怎麼可能寫出好作品呢？」他將所有可駕馭的時間都用來潛心讀書與寫作；任何遊戲性質的娛樂，在他眼中都是浪費時間。

不知是否因爲詩人陶淵明是他仰慕的前賢，他的寫作之路，是從詩出發的。而創作的背景，便是陷入抗日戰火的那個大時代。

十八歲那一年，戰火蔓燒到了他的家鄉。在一個夏日午後，他攀上了一列南潯鐵路火車的門把，晃晃蕩蕩的離開了家鄉，輾轉到武昌從軍。後來他考取中央訓練團新聞研究班，接受專業訓練，不久就開始從事戰地新聞工作，拿槍的手又重新握起筆管。從事新聞工作，一定要寫稿，經此磨練，他開始寫詩。在那樣動盪的時局裡，今天不知道明天的生死，內心因而有太多掙扎與感懷，一一化爲詩句。第十[redacted]報紙發表時，他卅九歲，而且就此沒有停過筆。抗戰期間他寫了不少詩，後來就出版了《自由的火焰》，這是他的第一本詩集。

煮字曾耕百萬田

來到臺灣，墨人在左營的海軍總[redacted]職，生活很清苦，家裡沒有書桌，那七、八年裡，他都是晚上伏在牀上寫作，三十萬字的長篇小說《閃爍的星辰》就是這樣誕生的。直到民國四十七年舉家搬到臺北，他才有了一張寫字桌。

民國四十九年，墨人自軍中提前退役，退役金投資養雞失敗，經濟陷入窘境，五個孩子、一家七口全要靠他筆耕供養。這段期間他專業寫作，日以繼夜，寫了三十幾本小說、散文集，家庭生活終因筆耕之勤而安定下來。

專業寫作七年後，墨人於五十[redacted]年到國民大會擔任公職，作品也因而減少了。但是他的心裡正默默醞釀一個架構、字數均是新挑戰的大長篇小說。他花很多的時間讀書、思考，所涉獵的書不僅是文學的，還包羅歷史、哲學、宗教思想的書。他知道，寫長篇小說，如果沒有深厚的思想背景做基礎，寫不出深刻感人的好作品。爲了這個大計畫，他前後構思的時間超過十年，他也開始鍛練身體，每天打太極拳、登大屯山、七星山，訓練體力與毅力，以培養寫這部長篇小說的能力。民國七十三年端午節那天，墨人決定動筆，到七十四年底竟然[redacted]完成了這部一百[redacted]十萬字的小說——《紅塵》，《紅塵》全書四大冊，手稿一百六十萬字，以印刷版面計，則近兩百萬字。他說，他的寫作習慣是[redacted]不打草稿的，但是下筆前會花較長的時間構思，一旦動筆就下筆直書，不須再費時謄稿，所以《紅塵》醞釀的時間長達十三年，真正寫作的時間只有一年多。

《紅塵》這部巨著，堪稱是墨人的代表作，故事上溯庚子八國聯軍之亂，迨及海峽兩岸骨肉離散，涵蓋百年之間的民族巨變、時代演進、人心世情，架構不能不龐大，人物情節不能不複雜。完成這部小說，是墨人的畢生心願，因爲他把自己對民族的情感，對時代的見證，對人生的探索，完全寄託於其中。他不惜健康亮起紅燈，不惜申請退休，以專心全力的寫《紅塵》。果然，《紅塵》在《新生報》副刊連載期間乃至出書以後，都得到好評，並且[redacted]

[redacted]

一朵心花獻與人

墨人的著作豐富，作品成就受到國際文壇的肯定，國際大學基金會[redacted]、愛因斯坦國際學院基金會、世界大學、先後授予他榮譽文學博士、人文學博士三個學位。

回顧五十年的創作生涯，墨人談到他最早從事新詩創作的情形：「我寫詩的第一個創作高潮，是在民國三十二年、三十三年，第二個高潮是民國三十九年、四十年，接著時隔甚久，是民國六十八年。其他時間，主要是寫小說。」民國六十八年以後，他少有新詩發表，但舊作還是常爲愛詩的人所重視。

早在大陸時期，他寫過富於田園風味的作品：「昨天，我從田塍上走過／田畝還是飢渴的／今天，已經膨脹了肚皮……」讀來十分清新。後來也寫過充滿現代感的作品，像〈羅馬之雲〉：「是歡迎我這自東方連夜飛來的遠客嗎／你從愛琴海一路鋪著白色的氍毹／直鋪到古羅馬的上方／／是怕我閱讀古羅馬的興亡史／還是怕我親眼看見／兩千年的人世滄桑／看哪！雪白的氍毹越鋪越厚／使我看不見叱咤風雲的安東尼大將／和荒淫暴虐的尼羅王／地中海的浪花沒有你這麼白／故國平原的積雪也沒有你這麼厚這麼輕柔／是誰的妙手掬起一海的蔚藍／灑成羅馬上空漫天的輕柔雪白的雲霧／／我真想破窗跳出波音七四七／在羅馬上空作一次凌晨的孤獨的漫步」。從句法到意象，都十分現代感，與他的傳統詩作的古典美，予人完全不同的感受。

認爲寫作是單純的心智活動，所以他不參加有過同窗之誼的覃子豪的「藍星」，也不參加最早論交的詩友紀絃的「現代」，或同袍洛夫、張默、瘂弦的「創世紀」，他說：「因爲我希望詩人就是詩人。」漸漸他淡出新詩詩壇，轉而寄情於傳統詩，他寫鄉居情趣，寫對故鄉的思念，寫人生感悟，頗多佳品。

基於對詩的喜愛，寫完《紅塵》後，墨人得以用輕鬆的心境，細品《全唐詩》，也寫了好些相關的論述。詩之於他，是與文學最初的邂逅，也是終身的寄託。

散文方面，去年在《新生報》寫「紅塵心語」專欄，談紅塵萬象，也已集結出書了。

詩、散文、小說，只是文體不同，作家要寫的，是他對娑婆世界的關懷與觀照，透過文字，向讀者獻上他內心綻放的思想之花、感情之花、智慧之花，最終的希望，就是希望人心更好，這個世界更好。

無欲無求身自在

歲月悠悠，民國七十四年退休至今，忽忽逾十年。在墨人來說，卸下公職真是如釋重負，絕無失落之感。他忙著完成心頭大願寫《紅塵》，忙著補讀生平未讀之書，他說：「種花，賞花，讀書，寫詩，爬山，聽鳥鳴蛙鼓，這就是我的生活。」以他淡泊的心性，對這樣豐盈自在的退休生活，當然是感到相當滿足而適意的。

他在後院種了桂樹、桃樹、梔子、玉蘭、丁香……，不同的季節有不同的花色與芬芳。園裡的花樹引來蜂蝶與群鳥，院外又是昆蟲與青蛙的天堂，那能不得「盡日枝頭聽好音，通宵渠內有蛙聲」、「樹上鳥聲啼不住，滿園花發更宜人」的詩句！屋後的大屯山，便是他的後園，可以日日登臨。每天清晨，他就沿屋後的山徑循階而上，享受清甜的山風與空氣。茹素加上運動，使他的身體相當健朗。他笑稱：「再大的富豪，也不像我擁有大屯山這般富足。」無欲無求身自在，難怪墨人說：「現在真正是生命中的黃金時代。」

原載一九九六年十二月出版的《文訊雜誌》總號一三四號之一〇一－一〇三頁

二〇〇七年丁亥二月九日墨人補訂

二〇〇四年世界 You Tube 書局出版之紅塵英文譯本，網路廣告普及全世界。

墨人註：本訪問記作者馮季眉為專欄作家，九江同鄉馮放民先生女公子，馮先生因肝癌去世迄今二十多年，人生如夢，往日同輩文友，十之八九已作古人，作者已九十仍筆耕不輟，只想為中國文學留下一線生機，其他在所不計也。

二〇〇七年丁亥四月二十五日補記

二〇〇九年己丑四月二十五日

二〇一〇年……時年九十一歲

庚寅……九月二十四日……

詩・聯

七十年來筆一枝

七十年來筆一枝，五湖百岳自飛馳。
心如日月無人我，胸際風雷掃魅螭；
住世有為行方便，出塵正好去嗔癡。
涅槃大化千年後，簫鼓聲聲首首詩。

丁丑（一九九七）十一月四日凌晨

丁亥（二〇〇七）正月初五重校

己丑年（二〇〇九）四月初一[illegible]晨（[illegible]五十五分）新正

[illegible]

六一長[illegible]相思・鄉思移此

戊寅立春

冬去春來歲月更，但添華髮未添丁。
前門拒虎曾披甲，後除閱牆不用兵；
百尺浪高浮大海，千山風起上天坪。（八級）
無為無相無恩怨，揮手雲天步步輕。

戊寅（一九九八）正月初八於紅塵寄廬

墨老人註：「天坪」為北投大屯山中小平頂地名

戊寅春雨

春雨連三月，夢醒更瀟瀟。
五陰五濁重，蒼天淚如潮。

戊寅（一九九八）三月十二日午夜枕上

風雨吟

兩耳風聲兼雨聲，千山萬壑一人行。
低吟淺唱疑無路，一曲高歌神鬼驚。

己卯（一九九九）十一月十七日口占

北投幽居

其一

千丈紅塵百萬家，癡人不自想榮華。
浩然有意棄軒冕，摩詰存心掃落花；
昨晚流星飛北斗，今朝磨墨且塗鴉。
春來更覺生涯好，午夜頻頻聽鼓蛙。

其二

北投難與輞川齊，輞水淪漣月在西。
遠火寒林燈隱隱，春風細雨草萋萋；
華子岡前山翠翠，臨湖亭畔水迷迷。
大屯爭比匡廬好？夢裡甘棠綠柳堤。

北投春雨

其一

大屯山下雨綿綿，一陣風來一陣寒。
正月閉門人未出，春分又見百花殘。

其二

風蕭蕭兮雨瀟瀟，淒風苦雨伴寂寥。
老夫獨坐寒窗下，欲上瑤池取一瓢。

丙子歲暮書懷

其一

大屯山下夕陽斜，貴子溪邊處士家。
坐看雲煙橫翠嶺，閒眺鷹隼逐寒鴉；
孤星落落銀河外，俗世悠悠歲月賒。
子去丑來何所事？吞雲吐霧飲飛霞。

其二

落落青山少物華，入無僮僕出無車。
登高幸喜雙腳健，望遠何妨兩手遮；
載酒陶潛五株柳，辟穀張果一身痲。
牆邊我有三寸土，不種茶來可種花。

丁丑（一九九七）一月二十三日於紅塵寄廬

丙子歲暮憶匡盧

其一

大屯山上雲煙濕，細雨霏霏柳色新。
遙想匡盧冬臘象，千崖萬壑白如銀。

其二

千崖萬壑悄無聲，不見青山不染塵。
偶出廣寒尋芳跡，梅花迎面雪盈身。

其三

望盡千山不見人，梅花作伴鶴相親。
圍爐抖擻頻添火，不看離騷看黃庭。

其四

海上棲遲五十春，天涯猶是未歸人。
年年作客屯山下，彭蠡匡廬一庶民。

丁丑（一九九七）一月二十六日於紅塵寄廬

己丑（二〇〇九）七月二十二日清晨定稿

附記：故鄉江西九江廬山向為天下名山。一九九六年復經聯合國教科文組織世界遺產委員會第二十屆會議一致通過為「世界文化景觀」列入《世界文化遺產名錄》，評價極高。六十餘年前余曾山居讀書三年，歷經春夏秋冬四時變化，景色各不相同，個人體驗殊深，亦為拙著長篇小說《白雪青山》之地理背景。今年新年忽接素昧平生的板橋讀者吳艷芳女士賀卡附信，告以丙子年夏曾「按書的記憶」一遊廬山，並欲再買《白雪青山》云云。不意三十年前舊作，尚有讀者「按圖索驥」，且欲重購也。其實余在另一大長篇《紅塵》中對廬山亦著墨甚多，其他篇章不計。此四首七絕冬景，不過蜻蜓點水耳！廬山古稱匡廬，與中國第一大江長江，第一大湖鄱陽湖，山水相連，其氣勢之壯，山水之勝，世所罕見。鄱陽湖即古彭蠡也。余來臺五十年，居臺北大屯山下貴子溪邊亦已三十餘年，知者亦有羨之。惟余鍾情名山勝水，蝸居於此，不免有螺絲殼裡作道場之感也。是為記。

二〇〇九年九月九日補注

己丑（二〇〇九）七月二十二日定稿

丁丑立春

其一

輕煙細雨淡淡風，春到蓬萊小院東。
丹桂飄香香撲鼻，茶花聖誕兩邊紅。

其二

立春景色不相同，彭蠡匡廬瑞雪中。
海上蓬萊花似錦，雙雙粉蝶過牆東。

其三

少年夢想踏長虹，老大方知萬事空。
衰草斜陽人獨立，一身煙雨月朦朧。

其四

一年容易又秋冬，去去來來那有蹤？
春到眼前春易老，參禪常聽五更鐘。

其五

來似行雲去似風，來來去去走蒼穹。
紅塵一落三千丈，煩惱菩提一徑通。

丁丑（一九九七）二月四日於紅塵寄廬

贈潄菡

蘭心蕙質自清芬，彩筆輕揮草木春。
居士幽棲疑再世，白衣清照是前身；
珠璣字字含靈性，濁世卿卿出客塵。
兩岸詩魂啼不住，同擎杯酒祭靈均。

丁丑（一九九七）一月十二日

贈畫餅樓主

放翁情結板橋身，落拓江湖一異人。
上下古今無掛礙，千崖萬壑一枝春。

丁丑（一九九七）一月十二日

再贈畫餅樓主

其一

浮生七八性情真，躑躅千山更獨行。
日近中天人影直，風高黑夜鬼聲頻；
風風雨雨雲中過，倒倒顛顛死裡生。
岐路忘年逢知己，西窗夜話轉星辰。

其二

筆掃千軍膽氣豪，風蕭蕭兮雨瀟瀟。
才高不畏深山虎，識廣何曾有二毛？（註）
儒釋道耶成丘壑，東西南北任逍遙。
文章千古無真價，詞賦詩篇看折腰。

丁丑（一九九七）一月十二日於紅塵寄廬

註：人生際遇，莫非因緣。余今年七秩晉八，真所謂「相識滿天下，知心能幾人？」畫餅樓主少余十三歲，又相識最晚。惟以其博學多才，尤精於詩詞佛道之學，故不論言談筆談，無不契心會意。因再以詩二首贈之。「二毛」者俗謂「二毛子」也。

暮春即事

陰陰黯黯養花天，蛙鼓頻頻似管弦。
夜正央時人未醒，鳥聲伴我共參禪。

癸酉燕京北大詩會

其一

燕京詩會送輕寒，秋水長天隔海看。
更有西湖賢女史，驅車萬里到天壇。

其二

燕京幸會有前因，前世今生兩樣人。
今世不知前世路，今生魚鳥又相親。

其三

筆耕不計幾經秋？潘陸青鬢盡白頭。
長立杏壇言諄諄，英才竟在燕京收。

癸酉（一九九三）十二月

癸酉立春

申酉相交幾陣寒，立春日上小闌干。
綠陰深處聞啼鳥，心在江南柳樹灣。

癸酉（一九九三）二月四日丙辰

乙丑除夕

浮海乘槎四十年，今年除夕不成眠。
揚鞭也下千行淚，煮字曾耕百萬田；
回首前塵渾似夢，翻看往事宛如煙。
鏡花水月知多少？想作神仙未入禪。

乙丑（一九八五）二月八日癸未

丙寅歲首晨起漫步即興

去年昨夜連朝雨，今日天明景色開。
一地櫻花猶未掃，幾株楊柳已先栽；
渠中蝌蚪如雲集，山上青松照眼來。
隱隱鶺鴒消息好，畫眉聲裡帶春回。

丙寅（一九八六）二月九日甲申

丙寅春日偶題

小園昨夜又東風，牆裡桃花淡淡紅。
丹桂飄香除夕近，銀鱗閃閃曲池中。

丙寅（一九八六）二月

大寒日晨起霧中登山

其一

一傘登山細雨中，忘名忘利亦忘功。
無人無我無壽相，便與菩提一點通。

其二

山中人語笑頻頻，祇聽聲音不見人。
往往來來為過客，紅塵霧裡霧紅塵。

其三

亭外櫻花滿樹開，老夫一日幾徘徊。
山高路險雄心在，居士拈花笑一回。

其四

小橋流水深山裡，不見梅花為我開。
獨往獨來還獨立，空留惆悵伴蒼苔。

乙亥（一九九五）大寒日於北投紅塵寄廬

感時

其一

四十年前生死別，一朝都到眼中來。
塘邊綠柳因風舞，屋後蟠桃乘雨栽；
千里平疇翻麥浪，萬家烽火起樓臺。
西風瘦馬悲淪落，一片哀鴻處處災。

其二

少小離家老未回，避秦有幸到蓬萊。
長江捲起千層浪，彭蠡飛揚劫後灰；
夢裡頻頻驚噩耗，醒來點點費疑猜。
家書在手情尤怯，怕道死生不敢開。

枕上偶成

寒山拾得曾是佛，騎虎豐干亦再來。
殊勝因緣殊勝會，與唐詩運看蓬萊。

丁丑（一九九七）四月十一日子夜枕上

日月潭即興

一湖碧水一湖春，細雨霏霏一釣綸。
遠近高低山翠翠，半山仙氣半氤氳。

丁丑（一九九七）二月二十三日

附記：一九九七年三月廿一日至廿三日，文苑雅集在臺中日月潭中信飯店舉行。面對湖山，即興而作。

蛙聲

年年春夜聽蛙聲，急鼓繁絃到五更。
不慣燈紅與酒綠，愛聞天籟一聲聲。

丁丑（一九九七）三月十五日午夜枕上

詠白頭翁

其一

長夜蛙聲猶未歇，黎明又聽白頭翁。
山人未學鸚鵡舌，此鳥靈犀一點通。

丁丑（一九九七）三月十六日黃昏

其二

巧立枝頭唱不休，有心為我解深憂。
佳人笑汝頭何白？汝笑老夫更白頭。

其三

山中歲月任優游，羨汝如同不繫舟。
去去來來多自在，笑儂咫尺作休囚。

其四

聲音不似畫眉柔，避雨不尋小翠樓。
葉底藏身還警覺，不貪香餌不吞鉤。

丁丑（一九九七）三月十八日

詠畫眉

窗外青山鳥一雙，晨昏伴我白雲鄉。
清音婉囀如絲竹，不信人間夏日長。

九曲茶花

九曲一株冠小園，十年辛苦倚欄看。
花重瓣疊紅於火，一朵能承數日歡。

杜鵑花

姹紫嫣紅鬧一團，看花人自獨憑欄。
年年此日同春到，一片春心送歲寒。

小園春色

小園昨夜又東風，隔院桃花一樹紅。
粉蝶雙雙過牆去，瓜苗出土也玲瓏。

丁丑（一九九七）三月十六日

長安奇緣 有序

癸酉十月秋，余再訪西安，住統計學院招待所。初識該院辦公室主任雷定國先生。雷爲西安周易研究會常務理事、陝西氣功研究所副所長、武當山青龍山人弟子、西安靈修小組負責人。彼語余曰：一周前某日寅卯之交，夢其元神拜師，師向元神慈祥微笑，但不知師爲何許人耶？醒後筆記之。今日一見，始恍然大悟云云。余離座而起，頻頻搖手，返臺後以詩記之：

不到長安不識君，長安一見即相親。
君在夢中先識我，靈修路上認前身。

癸酉（一九九三）十一月

紅塵劫

落魄紅塵七五春，多災多難性情真。
生平不作心虧事，活口全憑筆萬鈞；
三界內中還輾轉，五行外面看虛盈。
今生不作來生夢，一笑聲中自脫身。

乙亥（一九九五）五月十九日庚戌

己丑（二〇〇九）五月十五日 校正

枕上偶成

其一

塵網千萬層，層層束縛人。
誰解千千結？般若化癡嗔。

其二

因果隨身在，禍福如何分？
一緣都不起，千嶂亦無雲。

其三

誰識真與假？最怕假作真。
悟時人是佛，迷時佛是人。

其四

莫問生與死，死生一念中。
入迷生即死，一悟色是空。

乙亥（一九九五）正月初四凌晨

七秩晉五感懷

七五人生一首詩，也無狂嘯也無悲。
雲飛秦嶺因風起，龍入深淵只自知；
春暖桃花迎客笑，歲寒松韻在冰姿。
富貴不淫貧賤樂，百年吟詠夜遲遲。

乙亥（一九九五）農曆四月二十日庚戌於紅塵寄廬

無題

來是行雲去是風，花開花謝雨濛濛。
春去猶憐紅杏葉，秋來更惜岸邊楓；
孤星落落銀河外，殘月悽悽宇宙中。
午夜蟲聲如細語，一簾幽夢正朦朧。

冰河

白雪藍天兼綠水，彩虹一道繫孤舟。
冰山劍壁如泡影，芥子須彌共一漚。

丁丑（一九九七）五月二十日於紅塵寄廬

附記：〈冰河〉乃依《乾坤》詩刊三期，徐世澤先生新詩一首，七絕三首（共二四○字），綜合寫成七絕一首，僅二十八字。

偶感

其一

大夢何時覺？春來花自開；
嫣紅與姹紫，總是一塵埃。

其二

非南非北非西東，無始無名那有終？
無相無形無人我，如如不動在其中。

其三

無人無我無壽相，眾生入世太荒唐！
天地不仁為芻狗，極樂世界是家鄉。

其四

寒窗獨坐無春夏，不聽東風說是非。
富貴浮雲一樣看，還看芥子納須彌。

其五

舊金山內西敏寺，西敏寺中舊金山。
小丑跳來還跳去，如來不動法無邊。

其六

三身一體難分別，菩提非樹似清風。
摩詰不迷自是佛，比丘著相入迷宮。

其七

道高一尺魔一丈，世界無常道是常。
群魔亂舞偷天日，慧眼惟憑照十方。

其八

釋迦老子一家親，乘願而來度世人。
眾生可度人人度，執迷不悟任沉淪。

其九

花落花開總是春，人間天上似芳鄰。
去貪嗔癡為淨土，直心一念脫紅塵。

其十

假作真時真亦假，為無為處見天真。
不有不恃更不宰，是神是佛是真人。

丙子初冬即事

其一

立冬已過無寒意，丹桂飄來一樹香。
夜半忽然風兼雨，黃花遍地總神傷。

其二

小園差可怡情性，蝸居何妨作道場。
濁世營營蒼蠅大，百年美夢一黃粱。

登面天山

少年懷夢登五老，耄耋歸真上面天。
海峽浮雲不礙眼，心如日月照三千。

己卯（一九九九）冬月

附記：余少年時常登故鄉廬山五老峰，眺望鄱陽湖。己丑渡海來臺，忽忽五十年矣！花甲之年，常登臺北北投七星、大屯、面天諸峰。現已耄耋之年，再登面天山，鳥瞰大海，有感而作。

雨中登山

其一

雲鎖大屯雨伴風，青山不厭白頭翁。
紅塵已在煙霞外，我在煙霞鳥語中。

其二

山下紅塵高萬丈，青山邀我上高峰。
白雲不約雙紅袖，我被白雲封幾重。

其三

高山猶見幾株松，日往月來不記冬。
宮觀無人鐘不語，蒼松許我一神龍。

其四

風正蕭蕭雨向東，獨來獨往走蒼穹。
而今不作南柯夢，回首前程色是空。

重登黃鶴樓

劫後重登黃鶴樓，雁聲啼過楚雲秋。
少年投筆頭堪斷，老大還鄉淚不休；
紅蓼白蘋誰復見？長江漢水自東流。
五十年來如一夢，煙波深處總關愁。

戊辰（一九八八）返鄉探親作

遊林家花園

細雨輕車到板橋，狂飆呼嘯漲秋潮。
來青閣內尋陳跡，方鑑齋中伴寂寥；
觀稼樓頭雲靉靉，榕陰池畔木蕭蕭。
遊人最繫江南柳，穿過林園未折腰。

清秋雜詠

其一

一年難得是清秋，山仍青青鳥上樓。
更有鳴蛩吟小院，白頭林下也優游。

其二

秋山伴我共參禪，三十年來想妙蓮。
願得一湖功德水，眾生與我上西天。

丁丑（一九九七）九月二十五日

其三

三伏炎炎如火宅，秋風送我一身涼。
寒山詩句當軒讀，摩詰真言作道場。

其四

滿城朱紫亂紛紛，逐臭貪腥不忍聞。
苟苟營營同造孽，幾人有意問耕耘？

丁丑（一九九七）九月二十五日午夜醒後作

其五

修羅一變似如來，荊棘蒺藜處處栽。
顛倒眾生憑蠱惑，修羅到底一塵埃。

丁丑（一九九七）九月二十六日於公車上

其六

雨雲今日鎖重巒，我上千嶂形更單。
滿眼煙嵐從地起，面前始見竹千竿。

丁丑（一九九七）九月二十八日

其七

後門兩樹桂花開，陣陣清香撲鼻來。
金谷園中無此味，綠珠之外有紅梅。

丁丑（一九九七）九月二十八日

蕭齋吟

其一

室小乾坤大，天高日月明。
大道隨形影，老眼看虛盈。

其二

瞬息成千古，榮枯瞬息中。
秦時明月在，始皇一陣風。

丁丑（一九九七）九月一日

夢境

賞鳥靈巖上，愛花不事君。
幽篁林裡坐，臥看嶺頭雲。

丁丑（一九九七）十月七日

勉顧生

當年煮字為療飢，七口之家待晚炊。
暗箭明槍吾往矣，孤峰頂立一旌旗。

丁丑（一九九七）九月九日

讀全宋詩

其一

功名自古誤書生，長伴青燈到五更。
有限生涯逐朱紫，無情歲月浪逢迎；
偶然得意驕妻妾，一旦休官哭帝京。
萬疊青山天地廣，白雲隨我看虛盈。

附記：桐城詩翁張白翎先生，素昧平生，忽承賜寄〈感懷〉七律：「三十功名苦未成，一回搔首一心驚。學書學劍終何用？憂國憂家自不平；投筆難償班子願，寫詩聊寄杜公情。感時只作逃禪想，又恐逃禪負此生。」索和，並賜贈「墨緣天下重，人海一身藏。」嵌字聯，盛情可感，卻之不恭。時予正讀《全宋詩》，援筆立和七律一首如右，兼抒我讀《全宋詩》感懷也。

其二

烏臺詩案東坡淚，黨籍碑中天上星。
王寀可憐遭棄市，曲端無罪死囚刑；

精忠報國岳鵬舉，視死如歸文一經。（註）
北定中原成大夢，放翁去後未安靈。

註：文天祥〈過零丁洋〉詩首句：「辛苦遭逢起一經」，意指他以精通儒家經典而考取狀元出仕。文天祥為儒家代表人物，周、程、朱非也。故拙詩以「文一經」代之。

其三

彥博圖南一點通，邵雍永叔自圓融。
幽棲腸斷西風裡，蘭若青樓二月風。

其四

方外青樓一句詩，萬千進士盡低眉。
功名心在無真我，仄仄平平亦魅魑。

其五

東坡居士口頭禪，鄒浩孤臣更倒顛。
念念心心思聖主，聲聲口口要歸田；

孤家天下書生淚，萬里江山紫塞煙。
趙李曹劉無你我，白衣一襲五湖船。

其六

唐宋詩詞萬世師，西風難與東風期。
東風一夜花爭發，瑟瑟西風隱魅魑。

戊寅（一九九八）一月十八日凌晨於紅塵寄廬

寄潯陽劉子暎

彭澤江州百世緣，淵明歸去有桑田。
門前我無一株柳，仰望南山更惘然。

己卯（一九九九）四月二十七日於臺北北投紅塵寄廬

註：彭澤詩人劉子暎，五十年前與余共事金陵時，意氣風發。後逢巨變，余渡海來臺，苟全性命，硯田為生。劉輾轉幽燕，幸而未死，而銳氣盡銷。晚年參事潯陽，鬱鬱寡歡，以詩自遣。戊辰年，余初返潯陽探親，彼此相見，恍如隔世。故人已垂垂老矣。近年來信，更多自哀。余以人生無常，無得無失，百歲千歲，仍難免一死，生不帶來，死未帶去，有生之年，盡其在我相勉。其大作《三遺矢集》，屢囑余以詩代序，未敢唐突。劉為江西詩派黃山谷、汪辟疆餘緒，余乃先鄉賢五柳先生之徒，雖未為五斗米折腰，但無田無柳，屢欲歸根，而無立錐之地。「採菊東籬下，悠然見南山。」少年夢想耳。今已八旬老翁，少年子弟江湖老，柴桑人作異鄉人。放眼萬里長江，千仞匡廬，徒增感慨。豈敢更顛倒夢想耶？

暮春

桃葉深深子滿枝，隔牆楊柳細如絲。
東風緩緩催花發，微雨霏霏得句遲；
粉蝶翩翩堪入畫，黃鸝滴滴好吟詩。
小園淑氣同春在，兩耳蛙聲夢醒時。

春望

大屯山上雲煙濕，淡水河邊歲月長。
不見匡廬俏姊妹，難忘彭蠡好兒郎；
春雷隱隱家山遠，蛙鼓頻頻夜未央。
忽忽悠悠人已老，者番風浪不尋常。（註）

註：一、廬山姊妹峰，如妙齡姊妹，攜手聯肩並立，美妙絕倫。
二、鄱陽湖口與長江中大小孤山，天下獨絕。
三、我一生歷經大風大浪，幸蒼天庇佑，苟全性命於亂世，不求聞達於諸侯。隱居大屯山下已二十七年矣！我年過老杜，憂患更深於老杜十倍也。

庚辰（二〇〇〇）三月四日夜三時三十五分補記

愛註：今年庚寅（二〇一〇）三十五年矣，九十一歲。

遊日月潭

清明時節訪明潭，花到荼蘼春未闌。
煙雨濛濛舟點點，湖山緲緲水灣灣；
翩翩蝴蝶成新寵，落落村姑失舊歡。
三十年來如一夢，欲尋陳跡畫中看。（註）

註：某年新春，遇畫家陳其茂兄，他盛意約我遊日月潭。我雖已是不繫之舟，但他仍在教書，金劍兄上班，不能説去就去。春假時大家有空，乃與世璋、其茂、金劍三位老臺中，聯袂上日月潭。時值清明，遊客不多，出乎意料，日月潭已今非昔比矣。

初夏閒情

平生最怕是逢迎，吳市吹簫一楚人。
垂老幸能辭館閣，晚年喜得出紅塵；
閉門不聽風和雨，開卷即知果是因。
過眼雲煙橫嶺北，且看造化幻與真。

花鳥

其一

盡日枝頭聽好音，通宵渠內有蛙聲。
渠內青蛙樹上鳥，多情伴我到三更。

其二

十年種樹迎靈鳥，半夜栽花祇為春。
樹上鳥聲啼不住，滿園花發更宜人。

丙寅生日 有序

余生於民國第一庚申年芒種日，弱冠投筆從戎抗日，多災多難，歲月悠悠，忽忽五十年矣；乙丑退休，息影林下，得償宿願。丙寅生日；閉門讀白詩，莫逆於心。陶靖節爲鄉賢，白樂天爲父母官，白去陶五百年，余去白千年。余生也晚，然深愛二賢，因成一律：

投筆揚鞭五十秋，夢魂常擁大江流。
江州司馬青衫淚，靖節先生五斗羞；
姊妹峰前雲似錦，大屯山上月如鉤。
無欲無求身自在，不憂不喜一沙鷗。（註）

註：白居易曾在陶淵明故居廬山栗里之東香爐峰下築草堂以居。姊妹峰與香爐峰近在咫尺，如姊妹聯肩並立，美妙絕倫。余退休後息影大屯山下，難與故鄉山水相比也。

烏來秋興

其一

雲擁山頭霧作城，烏來仙氣此中生。
遊人不畏沾衣雨，墨客還尋瀑布聲；
流水小橋人獨立，涼亭細雨蝶相迎。
悠悠歲月知何似？山自青青鳥自鳴。

其二

烏來幾度自清游，此日登臨只為秋。
御苑櫻花能照眼（註一），翡城古蹟數從頭（註二）；
倫敦塔內芳魂渺（註三），江户宮中王氣收（註四）。
秋到蓬萊無秋意，漫天風雨不須愁。

丁巳（一九七七）九月

註一：日本新宿御苑八重櫻大而美，繁花滿樹，十分耀眼，堪稱奇景。

註二：義大利翡冷翠為歐洲文藝復興發祥地，古蹟甚多，繪畫雕刻，美不勝收，歐洲美術雕刻建築，大多脫胎於此。

註三：倫敦塔內有斷頭臺，巨斧仍在，痕跡猶新，亨利八世兩后均在此伏誅。

註四：東京原名江戶，日本皇宮在此。二次大戰之前，日本奉天皇為神明；日本戰敗之後，政體改變，實施民主，天皇為象徵性質，大權旁落，皇宮亦開放任百姓參觀，不再視為神聖之地。

夏日讀詩偶成

其一

端陽已過無梅雨，暑氣蒸人夏正長。
幸有小樓作書屋，山風送我一身涼。

其二

不冠不履不梳妝，盡日讀詩興更長。
野鶴閒雲多自在，櫥中還有紙千張。

其三

案上桐花無限美，池中錦鯉正徜徉。
風裡鳥聲千百囀，枝頭桃熟我先嘗。

自況

且從一字問原因，鯤鳥龍蛇總是塵。
滄海曾經應有淚，桑田看盡不傷神；
憂時子美誰與共？樂道淵明我最親。（註）
流水青山無限意，騎牛老李亦前身。

註：我籍隸江西潯陽，陶潛柴桑人，柴桑古名，亦名潯陽。

懷舊山河（甲辰）

其一

雁落平沙水半塘，荻花翻白菊花黃。
風帆點點歸舟晚，幾樹丹楓送夕陽。

其二

萬里長江萬里山，匡廬不厭百回攀。
漢陽五老雲中住，姊妹翩翩靄靄間。

其三

一峰一寺一孤松，寺寺峰峰細雨濃。
千歲老松千羽鶴，寒山夜半寺鳴鐘。

其四

一丘一壑足優游，壑壑丘丘夾水流。
太白樂天來更早，晚生遲到一千周。

其五

西望柴桑不見家，避秦渡海逐年華。
江州司馬三更淚（註），靖節先生五斗嗟。
昨夜兩鬢猶未白，今朝雙眼已昏花。
春雷何日驚龍起？故國河山處處嘉。

甲辰（一九六四）年

註：余籍隸江州，追念前賢白居易，感懷身世，來臺後因以江州司馬為另一筆名。

甲辰除夕感懷

瀛海棲遲十幾春，桃符又見歲華新。
年年夢斷長江水，夜夜魂銷醉石津。
解甲無田思五柳，賣文計字絕嬴秦。
滔滔濁浪排天起，傲骨強撐一病身。

甲辰（一九六四）除夕

詠物遣懷（甲辰）

其一

尋遍千山幾樹松，盤根直上白雲峰。
蓬萊春暖多花草，不禁冰霜和雪封。

其二

姹紫嫣紅處處開，惱人春色滿蓬萊。
山南山北紅如火，不見寒梅一樹栽。

其三

紅也妖嬈綠也芃，桃花依舊笑春風。
歲寒無處尋三友，秋樹蕭蕭憶晚楓。

甲辰（一九六四）年

甲寅春日新詠

其一

五百年前我是誰？輪迴生化數中推。
如今識得盈虛意，欲上崑崙認劫灰。

其二

小謫人間五四春，半生憂患一勞人。
蓬萊有幸聞真道，更叩玄關問果因。

其三

混元規裡生天地，玉帝鴻鈞與俱來。
為有靈臺能主宰，人人始得列三才。

其四

有去無來忒渺茫，來來去去亦倉皇。
有來無去金仙體，儒釋道中見短長。

甲寅（一九七四）春日偶題

《娑婆世界》卷首詩詞

其一

靈山會上早相逢，今日相逢非夢中。
去去來來因大事，祇園精舍證圓通。

其二

來時空空去亦空，輪迴流轉大江東。
達摩一點西來意，無量光中無始終。

其三

成人不自在，自在不成人。
花開又花落，開落總是塵。

其四

一住清涼四十春，悠悠歲月化貪嗔。
白雲一去無消息，青鳥忽來作比鄰。
三月煙花迷望眼，四時風雨阻騷人。
清涼山上清涼寺，誰識清涼自在身？

己卯（一九九九）十月

《娑婆世界》二校後感賦

其一

色即是空空是色，無中生有有還無。
陰陽因果何所似？天理循環道不孤。

其二

種瓜種豆隨人種，收豆收瓜各自收。
種豆收瓜如夢幻，起心動念是根由。

其三

修羅面目最難分，舌燦蓮花可亂真。
包藏禍心人不識，慈悲一念化貪嗔。

其四

摩詰文殊與惠能，在家出世一般僧。
直心一點無分別，念念慈悲即大乘。

其五

修道修心不在名，住家住廟在無生。
紫衣金綬著色相，究竟涅槃宇宙平。

附註：右感賦五首成於己卯（一九九九）年十月二十一日凌晨五時三十分。時年八十於紅塵寄廬。

《滾滾長江》卷首詩

其一

長江水暖魚龍躍，處士冰心富貴輕。
砥柱中流存正氣，凌煙閣上不留名。

其二

青梅竹馬花朝雨，玉女金童午夜心。
江上遺民長夜淚，雲天萬里幾層陰。

其三

歲月胡塵裡，江山鐵蹄深。
屋破連朝雨，閨女老臣心。
紅粉千行淚，芝蘭萬斗金。
東方何日白？我欲舞銀簪。

其四

八年水火風兼雨，父女同殉雪恥羞。
黃葉飄飄人何去？長江滾滾水東流。

己卯（一九九九）十月二十八日於紅塵寄廬

附註：《滾滾長江》為拙作長篇《江水悠悠》易名。

《白雪青山》卷首詩

其一

一雙仙侶尋幽趣，大雪對山上廣寒。
寂寂空山無飛鳥，清風明月上闌干。

其二

圍爐聽戲消寒夜，踏雪深山訪慧真。
兩個雪人好作伴，異邦父女嘆沉淪。

其三

參天樹木啾啾鳥，短袖眷衫碩碩人。
太乙山莊神仙侶，處士夫妻妙語頻。

其四

譚家妯娌姊妹檔，陶氏子孫醉石鄰。
春色滿園籬邊鬧，紅妝一襲總是春。

其五

高僧贈畫宜山水，小尼思凡也是春。
半路出家不自在，深山聞虎更生嗔。

其六

愛物愛人愛明月，管山管水管清風。
人在霧中忘富貴，僧為方外自圓融。

其七

昨夜西風凋碧樹，今朝知己下青山。
離愁深愛傳書信，絕壑青天淚自潸。

其八

佳人一意陪孤雁，弱水三千飲半瓢。
遁入深山留空話，草亭潦倒雪花飄。

《紅塵》詩、聯

《紅塵》中的絕律詩、聯，都是我針對書中主要人物性格、心理與故事發展而寫的。而〈《紅塵》續集付印有感〉五律一首，則是我寫《紅塵》的深深感慨，一併收錄如后：

龍天行辭京詩

辭京辭廟渡重洋，不為封侯不病狂。
僕本有心學張敞，卿原無意作王嬙；
西風搖落秦宮樹，東海傳存漢女裝。
我亦聞歌還自哭，祇緣拆散好鴛鴦。

楊文珍和詩

傷心祇為隔重洋，幾度瘋癲幾度狂。
夢裡曾經屬張敞，醒來纔覺是王嬙。
三更枕上三更淚，九月樓中九月裝。
瑟瑟秋風腸已斷，人間那見好鴛鴦？

龍天行籤詩

天外吹皺水一池，忽傳人瑞命如絲。
風前燭影頻搖動，古樹春來又發枝。

川端美子籤詩

卿問歸期未有期，關山迢遞水迷離。
芳心未解蒼天意，兩地相思佛笑癡。

川端美子詩

山中湖畔證前緣，耦斷心連尚有絲。
漢學如今成絕響，武人當道費猜疑。
長崎路上斑斑淚，江户窗前首首詩。
哭到櫻花零落盡，相思深處夜遲遲。

楊文珍和川端美子詩

心有靈犀一點緣，櫻花如海雨如絲。
佳人千里傳嘉信，雅士百般質舊疑；
江户有人長落淚，京都無女不成詩。
傷情我亦與卿共，吟到星沉夜已遲。

楊文珍來今雨軒詩

一飲一啄是前因，秋水無痕花有神。
來今雨軒初試酒，天涯猶有未歸人。

香君來今雨軒詩

鵝黃雞血有精神，秋水長天也是春。
今日偷閒成小酌，願君常保百年身。

龍天行來今雨軒詩

花有精神人有情，一聲一句見天真。
平湖秋水明如鏡，不怕風沙不染塵。

龍天行〈望黃鶴樓哀金陵〉詩

萬里長江日夜流，神州無處不含羞。
莫愁湖畔埋紅粉，雞鳴寺內斬人頭；
櫻花開到江南岸，武士強登鐘鼓樓。
三十萬人成白骨，悠悠天地亦同仇。

龍天行〈龍戰感懷〉詩

其一

八年苦戰走龍蛇，萬里神州血染沙。
玄武湖邊群鬼哭，野人山內遍哀笳；
衡陽雁過都流淚，湘水魚沉只為叉。
夜雨嘉陵長戚戚，招魂腸斷在天涯。

其二

廣島長崎落日斜，電光雷火斬秋蛇。
櫻花妖艷如虹彩，武士天驕似井蛙；
耿耿先生長寂寞，幽幽淑女淨無瑕。
巴山夜雨人無語，望盡天涯第一花。

龍天行〈勝利還鄉機上口占〉詩

馭氣騰雲兩袖風，傷心不見九州同。
歸來百劫人憔悴，萬里家山淚眼中。

龍天行〈西山賞楓有感〉詩

避秦不上翠微峰，海上仙山第幾重。
萬壑楓紅紅似火，回頭已見白雲封。

楊文珍〈西山賞楓即興〉詩

千山萬壑樹玲瓏，占盡秋光幾處楓。
天外飛來人兩箇，相看又唱大江東。

香君〈西山賞楓即興〉詩

清秋人上翠微峰，萬壑千山花影重。
舊日燕歸尋舊夢，楓紅處處水淙淙。

龍天行〈哭美子〉詩

其一

扶桑日落我重來，櫻樹梅花盡劫灰。
愛我一生多少淚？斜陽新塚有沉哀！

其二

一寸相思一寸灰，相思寸寸滿妝臺。
人前不敢提龍字，我喚芳魂喚不回！

川端美子感懷詩

我愛櫻花亦愛梅，櫻花梅樹未同栽。
枝連心有千千結，不到黃泉解不開。

川端美子日記詩

其一

望盡天涯一片雲，扶桑日落未逢君。
櫻花已謝春光老，衰草斜陽映小墳。

其二

一生癡愛性情真，前世姻緣劫後身。
天妒紅顏地作孽，斷腸人哭斷腸人。

《紅塵》續集付印有感

浩劫未埋身，揮淚寫紅塵。
非名非利客，孰晉孰秦人？
毀譽何須問？吉凶自有因。
天心應可測，憂道不憂貧。

翰林第龍府春聯

第一進大廳：

忠厚處世

詩禮傳家

第二進大廳：

海納百川有容乃大

壁立萬仞無欲則剛

龍從雲書房：

幸有兩眼明多交益友

苦無十年暇盡讀奇書

天放房間：

執干戈以衛社稷

說禮樂而尚詩書

天行書房：

書裡乾坤大
心中日月長

老太太佛堂：

慈悲為懷
天地皆春

天龍山莊龍府春聯

大門口：

故居藏鼯鼠
新莊宜臥龍

天行書房門口：

門迎旭日千重影
窗對南山一眼青

龍老夫人輓聯

周而福輓：

狀元女才德兼備
翰林妻福壽全歸

龍從雲輓：

一生教我詩書禮義
百年淑世道德文章

古美雲輓：

螟蛉有幸托鴻鵠
孤女無家哭杜鵑

天放輓：

念念不忘戒作軍閥
時時自忖重振邦家

天行輓：

愛如皓月恩尤重
愁似春山淚更多

文珍輓：

生無遺憾獨憐我
死有猶疑尚掛心

香君輓：

早有愛心全弱小
終無良策去貪頑

楊文珍輓聯

蝶仙輓：

蕙質蘭心那堪人琴俱杳
詩魂詞魄何以輾轉一生

香君輓：

芳心托明月卿猶憐我
情劫付幽冥我仍思卿

紹天輓：

祇因情深天龍付我

不為利鎖愛心與人

步原韻答上海黎煥頤兄兼懷春申故交

其一

煙籠滄海日遲遲，升斗黎民何所思？
火宅紅塵臨浩劫，感君款款問歸期。

其二

神龍起舞我歸遲，楓葉荻花乃故思。
白髮滿頭心未老，放翁詩意一生期。

其三

紅塵滾滾日遲遲，老樹丹楓夜夜思。
白浪滔滔人獨立，岸邊顧影問歸期。

其四

蓬萊作客歲遲遲，雨打寒窗無盡思。
最是月圓月缺夜，閉門不敢想歸期。

乙亥（一九九五）歲暮於紅塵寄廬

再答上海詩人黎煥頤 並引

余籍隸江州，讀書匡廬。十八歲戊寅投筆抗日，浪跡天涯。二十九歲己丑渡海來臺，去家日遠。作客臺灣，將五十年矣。六十八歲戊辰返鄉探親，卻定位爲臺胞，已無立錐之地，而以賓館爲家，反主爲客。在臺出生之幼子，以家無恆產，非閩非客，生存不易，乙卯（一九七五）年，乃隻身遠渡重洋，負笈美利堅，賴獎學金取得化工博士學位，終於成家立業，子孫均落籍美國，外人引以爲榮，我則悲甚於喜也。上海詩人黎煥頤，近年函中每引杜甫〈不見〉李白詩：「匡山讀書處，頭白好歸來」相示。逋客心情，讀後悵然久之，無以自解。丁丑四月十六日午夜夢回，又難入睡，枕上成七律一首答之。四月三十日再作修正。竊以人世無常，此身如寄，苦海無邊。一旦涅槃，則天涯咫尺，須彌芥子，萬相皆空，法身無礙，不生不滅，不垢不淨，不增不滅，是乃大解脫真如自在矣！詩如下：

少年子弟江湖老，漂到蓬萊便是家。
兒去求生奔異域，孫來滿口語伊耶；
匡廬夢石曾題字，海上浮萍怎種瓜？

五柳先生除祖籍，涅槃而後等無差。

丁丑（一九九七）四月十六日初稿於枕上
四月三十日修正

註：一九九0年庚午，余七十整壽應邀作大陸文學之旅，經故鄉與青年學者座談，事後又與九江師專教授陳忠、九江作家協會主席王一民等數位先生女士同上廬山，造訪將軍村，見村前山徑邊竹林中有一巨石，一如余二十年前夢中所見者。主人湯善恩總經理聆後，堅請題字，因題「夢中石」三字，主人勒石紀念，並寄來照片，以誌雪泥鴻爪也。主人原有意邀余歸隱此一重新規劃之別墅渡假村，終以困難重重，我無王維福氣，又無裴迪、崔興宗兩位詩友而作罷。真乃「他生未卜此生休」，一旦涅槃始大解脫也。

奉和上海詩人陳詔兄原玉

其一

紅塵寫罷話紅塵，萬丈紅塵一個人。
有生於無無生有，騎牛老李亦前身。

其二

人間處處有寒溫，雨打芭蕉風叩門。
寒舍終年無客影，鳥聲蛙鼓伴詩魂。

其三

時空不隔鳥魚親，明月天涯影亦真。
去病唯憑意念力，好風一夜到春申。

奉和幻翁〈賦呈墨人老居士〉五律

其一（步原韻）

國破家何在？青春唱大風。
投筆曾呼嘯，從戎有異同；
落拓江湖上，沉淪錦繡中。
眼看日出落，誰認白頭翁？

其二（未步原韻）

漫説聲名著，聲名淡淡風。
紅塵作過客，亂世似飄蓬；
赤膽填溝壑，冷眼看窮通。
休問人間事，誰知成住空？

奉和幻翁祝壽詩原玉

七五人生不言壽，每過屠門人更瘦。
詩名現代詩味少，心在傳統心依舊；
學道學佛半爐香，無欲無求一身臭。
紅塵心事有誰知？早年投筆降龍手。

乙亥（一九九五）五月十九日庚戌

壽宋鍔七十

宋鍔將軍，籍隸湘潭，蚤歲赴煙臺習海軍，壯年膺命武官，駐節英美。勝利後返國，任海軍參謀長有年，復擢升國防部參謀次長。運籌帷幄，恂恂儒者。今宋公七秩大慶，余忝列舊屬，其胞侄揚曜，曾與余爲正副主官、同袍、至友，索詩於余，[redacted]不敢辭也。因賦七律一首，不計工拙，以示賀忱。

雲鎖煙臺浪逐天，鵬飛鯤化想當年。
屠鯨壯志吞河嶽，使節丹心照史篇。
帷幄運籌決千里，綸巾羽扇著先鞭。
壽翁應解盈虛數，七十人生一半仙。

浣溪沙（哀王寀）

樂天淪落在江州，一曲琵琶萬古流。青衫濕盡荻花秋。
王寀詩詞人未識，後生如我亦無求。為他斷腸白蘋洲。

乙亥（一九九五）年

註：王寀，江州人，詩人、詞人，宋徽宗時歷任官校書郎、翰林學士、兵部侍郎，為徽宗下獄棄市。為詩人詞人中唯一棄市者。宋之文字獄、黨人碑，為趙宋覆滅之因。王寀之不幸，令人同情，余忝為江州後生，故以詞哀之。

浣溪沙（客思）

身在蓬瀛心在江，年年作客伴寒窗，佳人無語在錢塘。

夕陽正好人入定，塵網層層夜未央，幾回低首幾迴腸。

乙亥（一九九五）年

鷓鴣天（讀全唐宋詞）

唐宋詩詞萬古留，李家父子亦千秋。
雙驕絕代稱朱李，一世宗師有陸游。
蘇東坡，歐陽修，各領風騷百尺樓。
武穆更兼汪元量，道盡臨安萬事修。

鷓鴣天（鄉思）

其一

少小離家老未回，潘鬢歲月盡成灰。
棲遲海上長為客，心繫江南嶺上梅。
消息動，曙色催，湧向中原浪作堆。
故鄉父老頻相問：落拓張郎來不來？

其二

臘鼓聲中一陣雷，孤臣孽子委塵埃。
天涯淪落骨肉散，群向中原問劫灰。
鄉思病，司馬淚，張郎不敢舉瓊杯。
夢中幾次登秦嶺，醒後方知人未回。

其三

四十年前傷心事，一朝都到眼中來。
人生幾見當頭月？堂上椿萱土一坏。
彤雲重，雪成堆，萬里冰封花未開。
何時望到江南柳？紅袖春衫燕尾裁。

戊寅（一九八八）開放探親，有感而作。

鷓鴣天（詠宋宮人）

玉樓金闕變荒丘，粉黛宮娥淚不收。
羌管角聲驚客夢，才人寫盡燕山愁。
雲黯黯，恨悠悠，兒女情懷繞指柔。
望徹江南千里路，楚囚腸斷薊樓秋。

浣溪沙（鄉思）

萬里江山憶舊游，潯陽風景勝西歐。甘棠水軟柳輕柔。
歸夢未隨流水去，傷心人在碧山陬。張郎魂遶水邊樓。

註：余居北投大屯山麓。故鄉九江亦名潯陽。

長相思（鄉思）

憶江州，夢江州，夢見匡廬一片秋。長江日夜流。
桑枝柔，柳枝柔，廿棠湖水綠悠悠。相思到白頭。

註：余籍隸古江州（今江西九江）。匡廬為境內名山，牯嶺為夏都，中外馳名。甘棠湖為市內名湖，乃三國時周瑜練水師之所。湖上有煙水亭，為名勝古蹟。湖分為三，中有柳隄，垂柳千條，遊人如織。江州北帶長江，南擁鄱陽湖，風景之美，形勢之勝，少有其匹。抗戰勝利之後，曾有建都之議。（戊辰秋返鄉探親，忽見湖邊垂柳已為梧桐取代，傷心欲絕。）

鷓鴣天（贈畫餅樓主）

獨下瓊樓不患貧，入山修道解迷津。
兩袖煙霞人不識，一身錦繡更沉淪；
西求主，東效顰，可憐島上少經綸。
冠蓋京華多爾爾，坊間認假不認真。

丙子（一九九六）十月五日抄於紅塵寄廬

西江月（讀蘭香詞）

莫非曼殊再世，還是摩詰化身？
自古聖賢隨緣份，眾生顛倒癡嗔。
趙宋磨盡士氣，周程朱假亂真。
辛亥前後失珍珍，勸君且看《紅塵》。

戊寅（一九九八）正月初二於臺北北投紅塵寄廬中華古典詩詞研究所

附記：一九九七年，承留美古典詩人周正光先生寄來留美神學博士陳仰陵（炳輝）牧師大著《蘭香詞》（一九八九年出版）、《半僧詞》、暨《海嶽風華集》（大陸中青年詩詞家選集，一九九六年出版），迄無暇拜讀。戊寅正月初二得暇開卷，大喜！深慶詩詞文學不絕如縷，且有後浪推前浪之勢。尤以陳仰陵博士，弱冠即出版《半僧詞》。而最難能可貴者，一讀《蘭香詞》即見詞中有禪。據香港大學亞洲研究中心教授李鑽淨所作《作者簡介》引其高見：「我國英雄氣盡於漢、名士氣盡於晉、俠士氣盡於唐、士人氣盡於宋、讀書氣盡於明、民族氣盡於清，辛亥前之中國，乃西方之政治經濟殖民地，辛亥後之中國，更淪為西方之精神思想殖民地。……」等語，更深獲我心。我十多年前不惜拚老命寫完一九〇萬字（以版面計則近二〇〇萬字）的大長篇小說《紅塵》在臺北臺灣《新生報》連載[redacted]四年多，於一九九一年二月先出三大卷，一九九三年出齊四大卷，即將此一文化歷史之大變，墮落不振，化為文學，作一清晰演繹交代，以期後世子孫勿忘本末也。因填〈西江月〉一闋，以贈送遠在美加之陳仰陵博士。近朱不赤，近墨不黑，非大智慧者，曷克臻此也！

浣溪沙（紅塵）

生在紅塵不染塵，紅塵自有如來因。菩提無樹見精神。
無我無人無形相，非虛非幻更非身。山河大地亦無垠。

丁丑（一九九七）九月十日

墨人注：十多年前余曾有一夢境：一片大光明，日月星辰全失，惟我獨存。
後讀楞嚴經，果有此境界，非幻也。

己丑年四月初一註於紅塵寄廬

望江南（娑婆世界）

江南春，柳綠又花紅。柳絮如綿花似錦，花飛花落柳搖風，人在畫圖中。

江南燕，剪水更凌空。細語呢喃畫樑上，出雙入對彩樓東，鶼鰈情正濃。

己卯（一九九九）年

詩話

二二一篇

境界高低大不同

——從神秀、惠能的詩偈談起

禪宗五祖弘忍，是唐代高僧，淸修於黃梅東禪寺。圓寂後唐代宗賜謚大滿禪師。弘忍承傳初祖達摩衣缽，是祖師禪頓悟法門的傳人。時有弟子一千餘人，而神秀上座爲教授師，爲弟子中出類拔萃者。弘忍欲傳衣缽，但不敢草率，遂命弟子「各自去看智慧，取自本心般若之性，各作一偈，取來吾看。若悟大意，付汝衣法，爲第六代祖。」

當時所謂偈語，多以五、七言絕律詩出之。民國以前的中國高道、高僧，多由儒入道入佛，人人能詩能偈。現在的出家人，也許花了幾年時間，取得了博士學位，恕我孤陋寡聞，我還沒有讀過一位當代高僧的一首詩偈。是現代西方知識吸收太多？或是道行太高？恕我不敢亂猜。

禪宗大師不識之無者似僅樵夫出身的六祖惠能（亦稱慧能）而已。惠能雖係嶺南一樵夫，但根器非凡。一日賣柴，隨客至店取錢。惠能得錢，出門見一客誦經，惠能一聽，立即開悟。問客是何經？客人說是《金剛經》；問客從何處來？客人說從黃梅東禪寺來。惠能便不遠數千里去東禪寺。他千辛萬苦地來到東禪寺，五祖弘忍略試數語，即知他根器非凡，但未正式收爲弟子，反令他去碓房踏碓舂米。因恐有人害他也。

神秀自視不凡，其他同門亦不敢攖其鋒。故無人敢作偈送呈。神秀作偈後十三度欲呈不得。一夜三更，自執燈書偈於南廊壁間，這首偈就是一首五言絕句：

身是菩提樹，心如明鏡臺。
時時勤拂拭，勿使惹塵埃。

就詩論詩，是一首不錯的五言絕句。但就明心見性的頓悟法門來講，神秀實未開悟。五祖弘忍既是高僧，自然知之甚深。但他卻故弄玄虛，一面令弟子炷香禮敬，弘誦此偈，即得見性。但他卻在深夜三更召神秀入室，對神秀說：

「汝作此偈，未見本性，只到門外，未入門內。如此見解，覓無上菩提，了不可得。」

弘忍又對神秀說：

「汝且去一兩日思惟，更作一偈，將來吾看，汝偈若得入門，付汝衣法。」

但神秀過了幾天還是作不出來。又過了兩天，惠能才聽到一個童子唱誦神秀的那首偈。他一聽就知道神秀沒有開悟。便請那童子引他至偈前禮拜。來到偈前，惠能對童子說：

「惠能不識字，請上人爲讀。」

這時有一位江州別駕張日用在，他便高聲誦讀。惠能便對別駕說，他也有一偈，請別駕代為書寫。別駕雖然瞧不起他，還是照他唸的偈寫了：

菩提本無樹，明鏡亦非臺；
本來無一物，何處惹塵埃？

眾人看了惠能這首偈自然驚怪不已。弘忍恐人害惠能，便用鞋將此偈擦掉。還說：「亦未見性。」

次日，弘忍卻潛至碓房，約惠能三鼓入室。並以袈裟遮圍，不令人見，為他說《金剛經》。惠能大悟。弘忍便傳頓教及衣缽。是為六祖。並囑咐惠能以後勿傳衣缽，依法以心印心好了。弘忍並漏夜送惠能過江至九江。

這則禪宗故事就發生在離我故鄉九江數十里的地方。惠能這首詩偈是禪宗頓悟法門的寶典。以神秀和惠能兩首詩偈相較，不但表現了修行境界的高下，也表現了詩的境界的高下，文學境界的高下！

無論寫現代新詩，或古典詩詞，乃至寫長篇小說，雖然都沒有修行成佛那麼困難，而其理則一。關鍵都在一個「悟」字。所以我在《紅塵心語》那本集子裡有一篇文字題為〈學佛學文在慧根〉。如果慧根不深，必難有大成；如果沒有慧根，即使青燈木魚一輩子，或是蓋了千百座寺廟，擁有中國外國的雙料文學博士，也難成佛或是成爲成功的大詩人、大小說家的。學佛必須明心見性，詩詞和小說也要直指人心。形式無用，虛名無益。惟此二事不能自欺，更不能欺人。

丙子（一九九六）十一月十三日於紅塵寄廬

寒山呂巖佛道中

全唐詩人多達兩千兩百餘位，詩有四萬八千九百多首，其中以進士出身的官宦士大夫最多，但也有方外人，風塵女子的作品，而這些少數人的作品又多在進士之上，幾乎無一不佳。如唐末蜀慈光寺尼海印只有五律〈舟夜〉一首，但她這一首詩可抵許多進士千百首。且引其詩如后：

水色連天色，風聲益浪聲。
旅人多思苦，漁叟夢驚魂；
舉棹雲先到，移舟月逐行。
旋吟詩句罷，猶見遠山橫。

海印詩才俊逸，不同流俗。我相信她的詩作決不止此一首，因爲她是女子，又是出家人，在唐朝那個男性士大夫官僚社會中，後人能收錄到她一首佳作，也就很不容易了。

唐朝佛道中人詩最多的當推寒山子與呂洞賓。且看寒山子自己的一首詩吧：

五言五百篇，七字七十九。
三字二十一，都來六百首；
一例書巖壁，自誇云好手。
若能會我詩，真是如來母。

他自己說有六百首，但全唐詩僅收其五言詩二八七首，七言詩十六首，三字詩六首，五言拾遺二首，共三百一十一首，失掉了二八九首。而法國漢學家 Petrick Carre 翻譯的《寒山詩集》，大概是根據全唐詩中那三百一十一首詩譯的。

寒山子是一位亦僧亦道、佛道雙修的高人。全唐詩人多有姓氏、里籍、功名，但他是何許人耶？沒有記載。我是根據他的作品，判斷他是一位佛道雙修的高人。因爲佛道兩家思想他都吸收了，而且修行有成，所以他的詩的境界更高。

爲什麼稱他爲寒山子？子是尊稱，寒山則以地名，寒山子又是道家稱謂。而他是連寺廟宮觀都沒有，他是棲身在天臺唐興縣寒巖內的。不時往過國清寺，以樺皮爲冠，布裘敝履。或長廊唱詠，或村野歌嘯，人莫識之。閭丘胤宦丹丘，臨行遇豐干師，言從天臺來。閭丘問彼地有何賢堪師？師曰：「寒山文殊，拾得普賢，在國清寺庫院中著火。」閭丘到官三日，親往寺中，見二人，便禮拜。二人大笑曰：「豐干饒舌，阿彌不識，禮我何為？」即走出寺，歸寒巖，寒山子入穴而去，其穴自合。

從豐干的話中，可知他對寒山子的推崇。他稱寒山為文殊菩薩，文殊是釋迦牟尼的大弟子，智慧極高。如此看來，他是佛家了。但根據他自己的一首五言詩，又顯然是道家，且看他這首詩：

欲得安身處，寒山可長保。
微風吹幽松，近聽聲愈好；
下有斑白人，喃喃讀黃老。
十年歸不得，忘卻來時道。

他「喃喃讀黃老」，非道家而何？但我們不能執其一端而論，他不但遊於佛道之間，而且是「雙龍抱」。佛道思想基本上是息息相通的，只有深通兩家思想而不拘於一格者，才更淵博，才更偉大。所以我說他的詩是全唐詩中境界最高的。我不妨引其有關寒山生活、思想方面較具代表性的作品，以見其梗概：

人問寒山道，寒山路不通。
夏天冰未釋，日出霧朦朧；
似我何由屆，與君心不同。
君心若似我，還得到其中。

可笑寒山道，而無車馬蹤。
聯谿難記曲，疊幛不知重；
泣露千般草，吟風一樣松。
此時迷徑處，形問影何從？

重巖我卜居，鳥道絕人跡。
庭際何所有？白雲抱幽石；
住茲凡幾年，屢見春冬易。
寄語鍾鼎家，虛名定無益。

一向寒山坐，淹留三十年。
昨來訪親友，大半入黃泉；

漸滅如殘燭，長流似逝川。
今朝對孤影，不覺雙淚懸。

人生不滿百，常懷千歲憂。
自身病始可，又為子孫愁；
下視禾根土，上看桑樹頭。
秤鎚落東海，到底始知休。

一住寒山萬事休，更無雜念掛心頭。
閒於石壁題詩句，任運還同不繫舟。

千生萬死凡幾生，生來死去轉迷情。
不識心中無價寶，猶似盲驢信腳行。

時人見寒山，各謂是風顛。
貌不起人目，身唯布裘纏；
我語他不會，他語我不言。

為報往來者，可來向寒山。

下愚讀我詩，不解卻嗤笑。
中庸讀我詩，思量云甚要；
上賢讀我詩，把著滿面笑。
楊修見幼婦，一覽便知妙。

從以上九首詩看來，不但詩的境界高，更可以看出他已是一位得道者。無怪豐干尊他爲文殊。第七首七言詩中的前兩句是講生死輪迴的，第三句「不識心中無價寶」是講修行方法的，寶就是指的佛性。修行不必外求，亦不在於蓋廟多少，大雄寶殿多大？也無關乎出家在家。所以禪宗只講「明心見性」，這才是頓悟法門。上面引的第九首詩亦正如老子說的：「上士聞道，勤而行之。中士聞道，若存若亡。下士聞道，大笑之。不笑，不足以爲道。」我說他「佛道雙修」是有根據的，我說他已得道，更非諛詞。

猶憶三十年前，西方嬉皮風刮到臺灣，據報導嬉皮是學寒山子的，以寒山子爲師。這真是「佛頭著糞」！而當時有些附庸風雅，強不知以爲知的無聊文人也跟著起哄，大談寒山子，他們連寒山子的邊都沒有摸到。正如寒山子自己說的：「人問寒山道，寒山路不通。若能會我詩，真是如來母。」老實說，不精通佛道兩家思想，根本不配談寒山子。何況那些人連古典詩詞都不會寫，連文學層面都觸不到，怎可能觸到佛道兩家的思想層面？而他們居然大言不慚，夸夸而談，實在是自欺欺人，可笑亦復可悲！

寒山子佛道雙修。呂巖（字洞賓）則是道家。呂是河中府永樂縣人。他是禮部侍郎呂渭之孫。咸通中舉進士，不第。遊長安酒肆，遇鍾離權得道後不知所往。他里籍、姓氏、出身，斑斑可考，不是神話人物。他有詩二五二首，兩句。

呂洞賓的詩幾全爲有關道家修持的詩，很可能多是他遇鍾離權後寫的。不懂易經、八卦，未經道家明師傳授修持方法者，多不知所指，或以爲無稽。他之所以得道成仙，詩中都有交代，尤其是七言律詩一百一十三首，五言律詩十六首，七絕三十二首，首首都是修行的關鍵之作。因爲他的才情高，所以文學性亦高。但絕非純文學作品，而是以詩傳道的，正如我談寒山子的那首七絕：「千生萬死凡幾生，生來死去轉迷情。不識心中無價寶，猶似盲驢信腳行。」一樣，寒山子明白地指出人人本來是佛，人人都有佛性，由於自淨土極樂世界來得這個穢土娑婆世界，幾經生死輪迴、污染，不知不覺迷失了本來的佛性，反而不識心中的那個無價之寶，而像「盲驢」一樣，信步而行，不知危險，一失足便會墮落千丈懸崖，龍潭虎穴。以佛家的話說就是地獄。寒山子因爲已經得道，所以他才能寫出這首七絕。他是一位沒有迷失本性的人，正如六祖惠能一樣，雖是一位不識之無的樵夫，一聽人唸《金剛經》即豁然開悟。他講的《六祖壇經》都是他自己的體驗，所以句句話都與釋迦牟尼講的經典若合符節，但他並沒有能力讀那浩如煙海的經典。他不用文字作媒介，因爲他本來就是乘願而來的佛。這個世界的文字語言有時而窮，佛與佛的溝通不用文字語言，佛到娑婆世界來度人才用這個世界的文字語言，但是文字語言還有障礙，不易直指人心。所以禪宗度人的方法是以心印心。凡有夙慧而未迷失本性者易度，而迷失本性者佛也「莫法度」。所以佛度有緣人。以文學作品而論，全唐詩儒、釋、道三家作品中，那些進士出身的士大夫作品，多屬儒家層次。儒家只講人際關係，沒有佛家、道家的宇宙觀，尤其是進士們，完全是漢武帝罷黜黃老諸子百家之後的，效忠一家一人（皇帝老子）的官僚體系中的產物，他們的頭腦裡面全是功名利祿，上焉者才想到蒼生，下焉者則利慾薰心，怎不迷失本性？所以他們的詩思想境界不高，韓愈是一個明顯的例子。而對他們所不懂的宇宙萬象，則視爲怪力亂神。少數涉獵佛家、道家思想的詩人如王維、李白、白居易等，便不一樣。而那些僧道中人如比丘、尼姑、道姑，乃至風塵女子，其作品都富有靈性，因此可讀性高。

呂洞賓是對道家修仙實務貢獻最多的詩人，他是以身以詩言道，他與寒山子的作品不但言道，而且文學價值均高。這就是法國人爲什麼譯寒山詩而承認中國古典詩的「雅」、「博」而又富有哲學意義的原因。

呂洞賓的詩還未譯成法文本，可能是修仙術語多，而無法譯出來的原因，一旦他們讀懂了，總有一天會譯出來的。現在我選他五首七律，以供讀者欣賞。

得火龍真人劍法

昔年曾遇火龍君，一劍相傳伴此身。
天地山河從結沫，星辰日月任停輪；
須知本性綿多劫，空向人間歷萬春。
昨夜鍾離傳一語，六天宮殿欲成塵。

七言

落魄紅塵四十春，無為無事信天真。
生涯只在乾坤鼎，活計惟憑日月輪；
八卦氣中潛至寶，五行光裡隱元神。
桑田改變依然在，永作人間出世人。

憑君子後午前看，一脈天津在脊端。
金闕內藏玄谷子，天池中坐太和官；

只將至妙三周火，鍊出通靈九轉丹。
直指幾多求道者，行藏莫離虎龍灘。

還丹功滿未朝天，且向人間度有緣。
拄杖兩頭擔日月，葫蘆一個隱山川；
詩吟自得閒中句，酒飲多遺醉後錢。
若問我修何妙法？不離身內汞和鉛。

返本還元已到乾，能升能降號飛仙。
一陽生是興功日，九轉周為得道年；
煉藥但尋金裡水，安爐先立地中天。
此中便是還丹理，不遇奇人誓莫傳。

津能充渴氣充糧，家住三清玉帝鄉。
金鼎煉來多外白，玉虛烹處徹中黃；
始知青帝離宮住，方信金精水濟藏。
流俗要求玄妙理，參同契有兩三行。

誰解長生似我哉？煉成真氣在三臺。
盡知白日升天去，剛逐紅塵下世來；
黑虎行時傾雨露，赤龍耕處產瓊瑰。
只吞一粒金丹藥，飛入青霄更不回。

遙指高峰笑一聲，紅霞紫霧面前生。
每於塵世無人識，長到山中有鵠行；
時弄玉蟾驅鬼魅，夜煎金鼎煮瓊英。
他時若赴蓬萊洞，知我仙家有姓名。

堪笑時人問我家，杖擔雲物惹煙霞。
眉藏火電非他說，手種金蓮不自誇；
三尺焦桐為活計，一壺美酒是生活。
騎龍遠出遊三島，夜久無人玩月華。

自隱玄都不計春，幾回滄海變成塵。

玉京殿裡朝元始，金闕宮中拜老君；
悶即駕乘千歲鶴，閒來高臥九重雲。
我今學得長生法，未肯輕傳與世人。

以上第四首詩中的「拄杖兩頭擔日月，葫蘆一個隱山川。」兩句，不但口氣大，而且與佛家的「納須彌於芥子」又暗相吻合。第五首詩裡的「眉藏火電」，證諸釋迦牟尼的眉間放光，亦如出一轍。如此方可見佛道兩家思想息息相通之處甚多，亦足證明真理只有一個。其他的詩也就不必解釋了。知者自知，不知者徒費口舌無益。正如老子說的「上士聞道，勤而行之。中士聞道，若存若亡。下士聞道，大笑之，不笑，不足以道。」亦如寒山子的那首詩：「下愚讀我詩，不解卻嗤笑。中庸讀我詩，思量云甚要。上賢讀我詩，把著滿面笑。……」他們兩位早在一、兩千年前就已說過了。而呂洞賓更是「未肯輕傳與世人」。不學如我，更不敢畫蛇添足，還是留待上賢上士「把著滿面笑」，或是「勤而行之」吧。

丙子（一九九六）十一月十四日夜於紅塵寄廬

韓周詩詞境界低

韓愈是唐宋八大家之一，「文起八代之衰」的領袖人物，南陽人。貞元八年進士。官至兵部侍郎，卒贈吏部尙書。自比孟軻，闢佛老異端。有詩十卷，四〇八首。以諫迎佛骨，貶潮州刺史詩最爲著名。

韓愈以儒家傳人自居，但思想僵化、閉塞、胸襟狹隘，與孟軻相去不可以道里計。孟軻思想活潑，而且有民主精神。韓愈是一位偏狹的愛國主義者，唐朝的官僚主義的代表人物，他不但反對佛家，也視道家的老子爲異端。他對中國文化沒有全盤了解，執其一端，以爲法寶。他的詩不但無法望具有道家思想的李白項背；更無法與具有佛家思想、自稱摩詰的王維相提並論；亦無法與典型的儒家忠君愛國詩人杜甫等前輩相比；去得道成仙的後輩呂洞賓更不可以道里計；與佛道雙修的寒山子相較，更俗不可耐。他不是性情中人，他的詩缺少靈性。且看他的〈贈譯經僧詩〉：

萬里休言道路賒，有誰教汝度流沙？
只今中國方多事，不用無端更亂華。

站在他的愛國主義立場而言，他反對佛家雖未可厚非，但道家思想是中國的固有文化，而且是早於儒家的、富有宇宙觀、了解宇宙發展層次、發明相對論的中國正統思想。連孔子也一再請教老子，有一次孔子對顏回說：

「丘之與道也，其猶醯雞與！微夫子之發吾覆也，吾不知天地之大全也。」孔子對老子可以說五體投地，他視老子爲神龍。只因漢朝劉徹罷黜黃老諸子百家，以孔子的忠君思想，作爲萬世一系的統治法寶，培養出來後世的御用官僚體系，韓愈就是唐朝官僚體系中的重要人物。且看他的兩首寫給侄孫韓湘的七律和七絕詩：

左遷至藍關示侄孫湘

一封朝奏九重天，夕貶朝陽路八千。
欲為聖朝除弊事，肯將衰朽惜殘年；
雲橫秦嶺家何在？雪擁藍關馬不前。
知汝遠來應有意，好收吾骨瘴江邊。

他除什麼弊事呢？就是諫迎佛骨啦。

另一首七絕是他強迫韓湘子與宦家女結婚，這就是加強與當時權貴的裙帶關係。可是韓湘不聽。韓愈就寫了這首詩給韓湘：

才為世用古來多，如子雄文世孰過？
好待功名成就日，卻收身去臥煙蘿。

這首詩更充分暴露了韓愈滿腦子的功名利祿思想。是典型的儒家官僚主義人物。那韓湘又是何等人物呢？韓湘就是後來得道成仙的八仙之一的韓湘子。他當時答了韓愈那首七絕而去。詩曰：

舉世都為名利醉，伊予獨向道中醒。
他時定是飛昇去，衝破秋空一點青。

兩詩相較，境界高下立分，雅俗淸濁亦如涇渭矣！今之韓湘子固然難得，而今日等而下下之的韓愈，猶自視風雅，更不値識者一笑。

詩言志，狂猶可原，但最忌俗！一俗便不可救。韻律不協尙在其次。詩如其人，其人如詩，言爲心聲，千古的論。

周邦彥字美成，自號清真居士，錢塘人。宋徽宗朝仕至徽猷閣待制，提舉大晟府、出知順昌府，徙知處州。有《清真集》，詞一八八首。後人有頗尊周邦彥者，令我不解。因爲周邦彥名不副實。他的長調特多，而可讀者甚少。詞人非有大才者實不宜塡長調。詞的功用主在言情，而不在言志、紀事，一言志紀事便難免鋪陳，一鋪陳便味同嚼蠟。周邦彥的才情不足以當此大任。宋詞長調最長最好的是汪元量。他的〈鶯啼序〉（重過金陵），在宋詞中無出其右。他不但長調好，短調更佳，因爲他才情並茂。

周邦彥詞忸怩作態，遠不如歐陽修、蘇東坡之肝膽相照，幽情與共。他犯了詩詞的大忌。而其寫「佳人」如〈鳳來朝〉中的「愛殘朱宿粉雲鬟亂，最好是，帳中見。」，〈玉團兒〉中的「睡半醒、生香透肉。」及「乍醉起，餘霞襯肉。」均俗不可耐。他自號清真居士，實在是附庸風雅。可謂道學其外，敗絮其中，前所未見，真薛蟠之流亞，引車賣漿之徒耳！豈是詞人？他最好的一闋詞應是〈少年遊〉，但較歐陽修、蘇東坡、陸游、汪元量等大詞人，乃至武將岳武穆，差之遠矣。更別說絕代雙嬌的朱淑真、李清照與南唐的李氏父子了。詞貴情真意切，假道學不配作詞人。真小人或亂世梟雄詩詞均有可讀者，蓋不失其真耳！周邦彥反是。詞者詩之餘，詩與詞是母子關係，不是敵體。故先此韓周並論，以後再詩詞分談。

丙子（一九九六）十一月十三日於紅塵寄廬

勒馬回韁作舊詩

我一向不苟同新詩與古典詩詞一刀兩斷。我主張新詩與古典詩詞有效的整合。如何整合？這在新舊詩兩皆擅長的詩人來說不是難事。一是寫新詩時自然能掌握古典詩詞的精鍊、含蓄，而又有節奏感與韻律美，同時又不失新意和時代感，絕不會使讀者暈頭轉向，不知所云。寫古典詩詞時亦多有新意，而無冬烘氣。不會寫古典詩詞的新詩人卻很難作到這種地步。其原因是詞彙不夠使用，不懂韻律，文字組合的技巧也不成熟，即使費盡心思力求創新，往往弄巧成拙，顯得生硬粗糙，毫無詩意，更少韻味。如果再充「前衛」，表示十分「現代」，甚至什麼「後現代」，那就更不知所云了！其原因是中西語言差異很大，文字結構不同，文化背景不同，思維方式也不一樣，無論新詩人思想怎樣「前衛」，但不能以任何西方文字來寫中國新詩。如真有這種能耐，那乾脆寫西洋詩好了，但又作不到。寫西洋詩既不可能，而又排斥中國古典詩詞，不承認古典詩詞的優美，那自然進退維谷了。所以西洋詩移植到中國來，已經七、八十年，走了很多冤枉路，還沒有走出一條康莊大道來。不像近體詩自然取代了古體詩，而且發揚光大；也不像詞一樣，自然成長起來，而且別有一片天，詞與近體詩亦毫無衝突。因爲詞與近體詩，近體詩與古體詩是一脈相承的，新詩則是橫的「移植」，人體移植尚且會發生排斥作用，詩的移植自然更格格不入了。而古典詩詞作者又不屑於寫新詩，這就形成了兩個敵體。新詩的形勢雖然因近百年來西方文化佔了上風，形勢比較強，但無法取代中國古典詩詞。中國古典詩詞是任何一個國家的詩歌都無法取代的。因此，我認爲爲了中國詩的發展，只有整合、融合。當然這是一個大工程，不是那麼容易。只有期待既能一手寫古典詩詞，又能一手寫新詩的詩人詞人，兩手合作，這樣就事半功倍了。半調子不成。

我很高興先看到詩人詞人畫餅樓主翻譯了一位河南大學的青年詩人余瑞萍的〈初秋〉小詩。余瑞萍這首小詩清新無比。她的寫法很簡單，完全是以形容詞來形容名詞，如：「風瑟瑟的，雨沙沙的……」以及「架上的葡萄，甸甸的……」，這麼簡單的句子，卻產生了可喜的新意。原因何在？就是她用形容詞用得十分精確，而且「十分中國」，絕無半點「羊騷味」！一位土生土長的河南青年人能作到這一點，不是比六十年前到法國勤工儉學，將法國象徵派詩人波特萊爾（Charles Baudelaire,1821-1867），魏侖（Paul Verlaine,1844-1896）等人的作品移植到中國來的李金髮高明百倍嗎！而臺灣四十年前興起的現代派詩也是走法國象徵派和李金髮的老路。讀者看看那些詩有沒有余瑞萍這首小詩這種清純的中國韻味？而畫餅樓主也譯得好，讀者對照看來即知。我現在要提出來比較的是他翻譯徐志摩和聞一多這兩位三十年代的名詩人的詩。

先看徐志摩的〈偶然〉：

「我是天空裡的一片雲，偶爾投影在你的波心。你不必訝異，也毋須歡欣，刹那間便消滅了蹤影。／你我相逢在黑夜的海上，你有你的，我有我的方向。你記得也好，最好你忘掉，在那交會時互放的光亮。」

樓主譯詩如后；

（一）晴空一片雲，偶爾映波心；君慢驚和喜？霎時形影分。

（二）夜逢南海上，眸比秋星亮；同是幻遊人，匆匆何所向？

徐志摩的新詩之所以比較受讀者歡迎，是他沒有完全洋化，思想也沒有異化，他的詩有韻，富有音樂性和節奏感，可以琅琅上口，是中國的新詩，只是形式變了，而不是「質變」。但畫餅樓主用五言翻譯，不但文字更精鍊，而且思想境界更高；不但可以琅琅上口，而且可以高聲吟唱。這種「轉換」，這種「整合」，是很成功的實例。

再看聞一多的〈紅燭、劍匣〉：

「在這裡我將作個無名的農夫，但我將讓閒情底蕪蔓，蠶食了我的生命之田。也許因爲我這眼淚底無心的灌溉，一旦蕪蔓還要開出花來呢？那我就鎮日徜徉在田埂上，飽喝著他們的明艷的色彩。」

聞一多這首詩，其實不能算是詩，只是散文句子的組合，而這種散文的句法，不但不美，而且受了西方文法的影響，毫無詩意，更無節奏感和韻律美，比徐志摩的詩差多了，實在是文字的浪費。但畫餅樓主的翻譯卻點石成金，相去何啻天壤？這也許因爲聞一多是他的「

世叔」，而特別「成全」吧？且看他將聞詩譯成的七律：

埋名隱姓作農夫，生命之田正蔓蕪。
蠶食猶留根與蒂，花開還帶淚和珠。
慢將鐵樹勤澆灌，總把殘荊盡剷除。
也許無心也許有，徜徉壟上看雲舒。

這雖是一首遷就聞詩的七律，但已將聞一多的詩化腐朽爲神奇，如果是他自己寫的不足爲奇，翻聞一多那種「詩」，翻到這種地步，真不能不說是大手筆。但聞一多的舊詩卻很不錯。畫餅樓主引了他一首七絕如下：

六載觀摩傍九夷，吟成鴂舌總猜疑。
唐賢讀破三千紙，勒馬回韁作舊詩。

他能寫出這樣的舊詩，爲什麼去寫那種新詩呢？大概也是「趕時髦」吧？這真害了他，也害了不少文學青年！如果他真能「勒馬回韁作舊詩」，他可能留下一點作品。

丙子（一九九六）十二月十八日夜於紅塵寄廬

亦佛亦道偈是詩

唐朝開元、天寶年間，以詩享盛名的王維，在開元九年以進士擢第，歷右拾遺、監察御史、左補闕、庫部郎中、拜吏部郎中，中書舍人、轉尙書右丞。得宋之問輞川別墅，山水絕勝，與道友裴迪，浮舟往來，彈琴賦詩、嘯詠終日。信佛，因字摩詰。維摩詰是釋迦牟尼的在家大弟子，白衣居士。辯才無礙，自在神通，以其方便，現身示疾，度化眾生，釋迦牟尼要舍利佛，大迦葉等問疾，都不敢去，因爲他們自知都不是維摩詰的對手。可見王維也十分崇敬維摩詰。王維晚年長齋禪誦，修行有相當成就。一日，他索筆作書別弟縉及平生親故，舍筆而卒，已自知死期矣。所以他能入能出，提得起，放得下，絕非韓愈能望其項背。

王維息影山林，在輞川時還有裴迪、崔興宗兩位唱和的知友，這是十分難得的。凡是思想境界愈高的詩人作家也愈寂寞，所謂曲高和寡也，不知者往往誤以爲「傲」。像王維這樣幸運的詩人很少，相形之下，李白就更顯得落拓了。

王維有那樣的信仰思想背景，所以他的詩了無俗氣，尤其是在輞川寫的詩更好。同時也可以看出他的詩深受陶淵明的影響，如〈輞川閒居贈裴秀才迪〉這首五律中的「渡頭餘落日，墟里上孤煙。復值接輿醉，狂歌五柳前。」是最明顯不過的了。

他的〈酬張少尉〉五律，也是一首接近陶淵明思想境界的好詩：

晚年唯好靜，萬事不關心。
自顧無長策，空知返舊林；
松風吹解帶，山月照彈琴。
君問窮通理，漁歌入浦深。

這最後兩句不是與陶淵明的「此中有真意，欲辨已忘言。」有些心神契合嗎？爲了讓讀者多了解一點王維其人其詩，不妨再引他幾首作品。

山居秋暝

空山新雨後，天氣晚來秋，
明月松間照，清泉石上流；
竹喧歸浣女，蓮動下漁舟。
隨時春芳歇，王孫自可留。

終南別業

中歲頗好道，晚家南山陲。
興來每獨往，勝事空自知。
行到水窮處，坐看雲起時。
偶然值林叟，談笑無還期。

早秋山中作

無才不敢累明時，思向東谿守故籬。
豈厭向平婚嫁早，卻嫌陶令去官遲；
草間蛩響臨秋急，山裡蟬聲薄暮悲。
寂寞柴門人不到，空林獨與白雲期。

積雨輞川莊作

積雨空林煙火遲，蒸藜炊黍餉東菑。
漠漠水田飛白鷺，陰陰夏木囀黃鸝；
山中習靜觀朝槿，松下清齋折露葵。

野老與人爭席罷，海鷗何事更相疑？

從王維的詩中可以看出他的恬淡，遊於物外之心，人與自然的契合。他描寫自然也頗多佳句，如「萬壑樹參天，千山響杜鵑。」，「明月松間照，清泉石上流。」，「漠漠水田飛白鷺，陰陰夏木囀黃鸝。」都是十分自然而無斧鑿之痕的寫實之作。前四句我六十年前在廬山山居時就有深刻的體會。後兩句也是鄉間常見的景象。能引起別人共鳴的作品就是好作品。

王維是繼陶淵明以後全唐詩人中最恬淡的一位詩人，恬淡的詩往往容易被讀者忽略，因爲一般讀者的思想境界與這種作者的思想境界落差較大，年齡不到，人生閱歷不到，氣質不同的讀者，都不容易體會陶淵明、王維作品的深入淺出的微妙，滿腦子功利思想的人那更是背道而馳了，是永遠無法交集的。王維可以稱之爲唐朝的陶淵明。宋朝的蘇東坡不能，蘇的才子氣重，不能淡泊寧靜，不能悠然物外。

與王維同時，又同居終南山的裴迪，也是佛道中人。他只有作品二十九首，少於王維的三百八十多首，但他們各有寫輞川詩二十首，而且他們兩人各有一首寫〈竹里館〉的五絕，王維的五絕是：

獨坐幽篁裡，彈琴復長嘯。

深林人不知，明月來相照。

裴迪的五絕是：

來過竹里館，日與道相親。
出入唯山鳥，幽深無世人。

他們的寫法不一樣，但都同樣的淡泊自然。但王維的更富有意象美。而裴迪的〈華子岡〉五絕，又比王維的〈華子岡〉五絕富有意象美了。

王維〈華子岡〉：

飛鳥去不窮，連山復秋色。
上下華子岡，惆悵情何極？

裴迪〈華子岡〉：

落日松風起，還家草露晞。
雲光侵履跡，山翠拂人衣。

兩相比較，就可以發現，裴迪的〈華子岡〉有「落日」、「松風」、「草露」、「雲光」、「履跡」、「山翠」、「人衣」。王維的〈華子岡〉只有「飛鳥」、「連山」、「秋色」。顯然，裴迪的詩意象豐富多了。

裴迪另一首〈遊感化寺曇興上人山院〉五律也是好詩。

不迷灞陵邊，安居向十年。
入門穿竹徑，留客聽山泉；
鳥囀深林裡，心閒落照前。
浮名竟何益？從此願棲禪。

王維、裴迪，都是能入能出的高人，所以他們的詩才能超塵脫俗。但還沒有達到陶淵明那種「忘我」的境界。

王維與裴迪、崔興宗同居終南山，時相唱和，已是極難遇合的一大因緣，但這一因緣，卻沒有陶淵明在廬山與東林寺淨土宗大宗師慧遠、簡寂觀高道陸靜修那般殊勝。他們三人在東林寺切磋論道，樂而忘返，實融儒、釋、道三家思想於一爐，而形之於詩的陶淵明，便不同凡響，可以說前無古人。

寒山子與拾得、豐干，他們時相往還於國清寺，更是殊勝因緣，豐干說：「寒山文殊、拾得普賢。」他們三位彼此相知之深，論道之妙，可以想像，所以形之於詩的寒山子，已入化境，無相無我了。證之史實：「寒山出寺，歸寒巖……寒山子入穴而去，其穴自合。」可見寒山子自有神通。拾得何許人也？拾得，貞觀中，與豐干、寒山相垂與國清寺。一夕，僧眾同夢山王云：「拾得打我。」旦見山王，果有杖痕，眾大駭。及閭丘太守禮拜後，同寒山子出寺，沉跡無所。後寺僧於南峰採薪，見一僧入巖，挑鎖子骨，云取拾得舍利，方知在此巖入滅，因號為拾得巖。可見豐干說：「寒山文殊，拾得普賢。」絕非虛語。拾得有詩五十一首，且引四首如后：

從來是拾得，不是偶然稱。
別無親眷屬，寒山是我兄。
兩人心相似，誰能循俗情？
若問年多少？黃河幾度清。

寒山住寒山，拾得自拾得。
凡愚豈見知，豐干卻相識。
見時不可見，覓時何處覓？
借問有何緣？卻道無為力。

古佛路淒淒，愚人到卻迷。
只緣前業重，所以不能知。
欲識無為裡，心中不掛絲。
生生勤苦學，必定睹天師。

我詩也是詩，有人喚作偈。
詩偈總一般，讀時須子細。
緩緩細搜尋，不得生容易。
依此學修行，大有可笑事。

以上所引拾得四首五律，完全是佛家語。甚至可以說是一部《金剛經》。但這部《金剛經》是「入中國則中國之」。而中國文字之妙，絕律詩之妙，真可以通天地、泣鬼神。拾得實是乘願而來的再世佛。他寫的不止是詩，而是偈。「若問年多少？黃河幾度清。」不是再世佛，怎能活到黃河幾度清？不是佛，怎能寫出「見時不可見，覓時何處覓？借問有何緣？卻道無為力。」以及「欲識無為力，心中不掛絲。生生勤苦學，必定睹天師。」這些都是佛的語言？「天師」者，並非道教所稱的天師，實指天人師。道祖、佛祖都是天人師，一旦成佛，就是天人師，能見天人師，就已得道成佛了。所以拾得的這些詩，既是詩，也是偈。易言之，即是道道地地的「禪詩」。而拾得這些禪詩，都言之有「物」，並非真空，更非拾人牙慧的「野狐禪」。修行有素的人落眼便知是「何物」？如果修行不到相當火候，還是不知所云，正如一些「紅學家」，考證《紅樓夢》一輩子，到處作紅學家狀，卻如曹雪芹寫《紅樓夢》時就浩歎：「誰解其中味？」

拾得既未廣蓋寺廟，又無博士碩士弟子三千，只是偶爾與寒山掛單於國清寺，而豐干卻稱他是普賢。那豐干又如何呢？

豐干禪師，居天臺山國清寺。晝則舂米供僧，夜則扃房吟詠，一日騎虎松徑來，入國清寺巡廊唱道，眾皆驚怖。嘗於京輦為閭丘太守救疾。閭丘之任臺州，便至國清寺問豐干禪院所在？云在經藏後，無人住得。每有一虎，時來此吼，閭丘至師院，開房惟見虎跡，今存庫房壁上詩二首。

看了豐干這一則事蹟，就知道豐干非等閒之輩，更非浪得虛名的大法師。而他那兩首留在壁上的詩，又非引錄不可了。

其一

余自來天臺，凡（一作曾）經幾萬回。
一身如雲水，悠悠任去來。
逍遙絕無鬧，忘機隆佛道。
世途岐路心，眾生多煩惱。
兀兀沉浪海，漂漂輪三界。
可惜一靈物，無始被境埋。
電光瞥然起，生死紛塵埃。
寒山特相訪，拾得常往來。
論心話明月，太虛廓無礙。
法界即無邊，一法普遍該。

其二

本來無一物，亦無塵可拂。
若能了達此，不用坐兀兀。

看了豐干的事蹟和豐干這兩首詩，就知道他和寒山、拾得一樣，都是乘願而來的。何以見得？因爲開頭兩句就說得十分明白：「余自來天臺，凡經幾萬回」。「幾萬回」需要多少時間？在這物質世界，唐朝時又交通不便，即使他騎老虎來，再在國淸寺掛單一段時間，那該要多少年？豈是人的短短一生可以辦到的？他是怎麼辦到的呢？他自己又說得十分明白：「一身如雲水，悠悠任去來。」能夠這樣來去無礙的，是人嗎？不是。人不能突破這個物質世界的粒子障礙，如來佛才能辦到。因爲如來是如如不動，法身遍佈虛空，無所不在，亦無所不能。他來天臺幹什麼？是「忘機隆佛道」。也就是來弘法度眾生的。下面的「世路歧途心……生死紛塵埃。」就解釋得很清楚。「大虛廓無礙，法界即無邊，一法普遍該。」這三句就完全解開謎團了。所以他說「寒山文殊，拾得普賢。」他自己是誰？雖然沒有說明，但必然和寒山、拾得一樣，是乘願而來的佛菩薩，或是佛菩薩的化身，絕不是凡夫。

他的第二首五絕，和六祖惠能的〈菩提本無樹〉五絕，前兩句意義完全相同，後兩句則是說明要證無上正等正覺大道，打坐固然重要，但禪不在兀兀坐，而是行、住、坐、臥皆是禪也。

佛教自傳入東土以來，與道家無為思想自然融合，至唐而發展爲禪宗，已登峰造極矣。對中國文學亦產生巨大影響，禪詩是中國詩詞文學的頂上明珠。可惜的是今天有不少擁有博士碩士學位的大法師，但我還沒有看到那一位大法師寫過一首如寒山、拾得、豐干一般的詩偈。連蘇曼殊那樣的詩都沒有看過。六祖惠能是不識之無的，但今天擁有高學位的法師們爲什麼寫不出來呢？這就値得三思了！

弘法不是光靠蓋大廟、蓋大道場的。維摩詰說直心是道場，直心是淨土。而文學也是弘法最好的方便法，尤其是禪詩，言簡意賅，具有雙重價值。法師們爲什麼不教不學呢？花錢請達賴灌頂真能一世解脫，有助於得道成佛嗎？喝酒吃肉的和尚是連自己都不能超出三界得道成佛的。（見《楞嚴經》四種清淨明誨）

丁丑（一九九七）四月十一日於北投紅塵寄廬

李杜詩篇未入禪

全唐詩人兩千兩百多人，詩作四萬八千九百多首。千年以來，讀者一向尊崇李（白）杜（甫），而李長杜十一歲，李生於長安元年辛丑（公元七〇一），杜生於先天元年壬子（公元七一二）。李生時長庚入夢，杜無異象，李有詩（詞）一千一百二十五首，杜有詩一千四百五十八首。人稱李白詩仙，杜甫詩聖，位高之至。我個人則有不同看法，如純就文學創作觀點而言，此論大致不差。但白居易個人作品即達兩千八百三十七首，超過李、杜二人作品總和，而其作品水準亦不在李、杜之下，因此我認爲李、杜、白三人無分軒輊，白可稱爲詩神。如再加上思想境界而論，則李、杜、白又不如方外詩人寒山、拾得、豐干、呂巖四人。此則無關作品多少也。

李白雖稱詩仙，但畢竟非仙，而呂洞賓卻是金仙，呂巖的仙詩李白寫不出來，寒山、拾得、豐干三人更是亦道亦佛，思想境界之高已超出此一物質世界。李白是學劍未成，學仙亦不成，但天賦仍在，作品有些仙氣。杜甫則是一位道地的忠君愛國詩人，人文主義者，與佛、道境界相去甚遠。反而不如白居易香山居士，王維摩詰居士。文學以思想境界爲高，藝與道還有相當距離，孔子說：「齊一變，至於魯；魯一變，至於道。」政治上如此，文學上亦復如此。昨夜我在枕上成了一首七絕：

寒山拾得曾是佛，騎虎豐干亦再來。
殊勝因緣殊勝會，與唐詩運看蓬萊。

前兩句就是寫寒山、拾得、豐干三人的。另外在拙作《墨人詩詞詩話》中還有〈寒山呂巖佛道中〉、〈亦佛亦道偈是詩〉兩文比較具體地談到寒山、呂洞賓、拾得、豐干四人及其作品，讀者可以參閱。本篇只談李白、杜甫兩人的作品。白居易的又當別論。

先談李白

李白是隴西成紀人，系出隴西漢將軍李廣後，涼武照王暠九世孫，至武后時，子孫始還內地，家於四川錦州。天寶初白至長安，見賀知章，賀見其文嘆爲謫仙，薦於唐明皇。明皇在金鑾殿召見，賜食，親爲調羹，可見優遇。

李白雖爲文人而有俠肝義膽，更有功名之心。他〈上安州裴長史書〉云：

「五歲誦六甲，十歲觀百家，常橫經枕籍，制作不倦，迄於今三十春矣，以爲士生則桑弧蓬矢射乎四方，故知大丈夫必有四方之志，乃仗劍去國。……」

他在〈與韓荊州書〉中亦「夫子自道」：

「……白隴西布衣，流落楚漢。十五好劍術，遍干諸侯。三十成文章，歷抵卿相。雖長不滿七尺，而心雄萬夫，王公大人，許與義氣。……」

從以上兩書信中，可知其爲人，絕不同於一般文弱書生，可以說是允文允武。照理他應該飛黃騰達才是，尤其是唐明皇對他那樣禮遇，怎麼後來反而落拓江湖，窮死於族人當塗令李陽冰家中呢？究其原因，主要在於俠士、詩人的性格以及個人的命運。

李白的祖先李廣，漢文帝時，擊匈奴有功，景帝時，歷守隴西、上谷、雁門、雲中、北地、代郡等，與匈奴大小七十餘戰，多所斬獲，匈奴畏之，號爲飛將軍。武帝時，從衛青擊匈奴，以失道，急責廣之幕府對簿，憤而自殺。他戰功累累，然終其一生，未能封侯。此所謂「李廣數奇」也。李白亦如李廣，才大而不拘小節，唐明皇那樣禮遇他，他仍我行我素，詩酒流連。一天明皇在沉香亭賞花，召李白作樂章，李白正在長安酒肆與酒徒共飲，至沉香亭時李白已醉，左右以水噴面，他才稍醒，立刻提起筆來成〈清平調〉三首，由李龜年歌唱。這三首〈清平調〉就是他的傑作：

雲想衣裳花想容，春風拂檻露華濃。

若非群玉山頭見，會向瑤臺月下逢。

一枝濃艷露凝香，雲雨巫山枉斷腸。
借問漢宮誰得似？可憐飛燕倚新妝。

名花傾國兩相歡，長得君王帶笑看。
解釋春風無限恨，沉香亭北依闌干。

唐明皇是一位音樂家，又是詞的催生者，李白更是詞的先驅。沉香亭同時有四株紅、紫，淺紅、全白的芍藥花開，唐明皇一時興起，不要舊樂詞，要李白重新作，李白便作了〈宮中行樂詞〉八首，首首都好。如：

柳色黃金嫩，梨花白雪香。
玉樓巢翡翠，金殿鎖鴛鴦。
選枝隨雕輦，徵歌出洞房。
宮中誰第一？飛燕在昭陽。

水綠南薰殿，花紅北闕樓。
鶯歌聞太液，鳳吹繞瀛洲。
素女鳴珠珮，天人弄綵球。
今朝風日好，宜入未央遊。

這些五七言詩都是在半醉半醒中作的。如非謫仙，怎能辦到？但他得罪了高力士、楊貴妃之後，就不得不浪跡江湖，絕了仕途。在公元七五六年（至德元載丙申），他到了我故鄉九江廬山。時永王璘爲江陵府都督，充山南東路及嶺南黔中江南西路四道節度使，重李白才名，辟爲府僚佐。及璘引舟東下，脅以偕行。這就種下了他以後流放夜郎的悲劇了。

上面引的〈清平調〉三首，〈宮中行樂詞〉兩首，都是爲唐明皇譜樂而寫的。他除了有詩一一二五首外，還有〈桂殿秋〉、〈連理枝〉、〈菩薩蠻〉、〈憶秦娥〉、〈清平樂〉等詞十四闋，他的詞也好，不妨也引兩闋，以見其才情。

菩薩蠻

平林漠漠煙如織，寒山一帶傷心碧。
暝色入高樓，有人樓上愁。

玉階空佇立，宿鳥歸飛急。
何處是歸程？長亭更短亭。

憶秦娥

簫聲咽，秦娥夢斷秦樓月。
秦樓月，年年柳色，灞陵傷別。
樂府原上清秋節，咸陽古道音塵絕。
音塵絕，西風殘照，漢家陵闕。

李白、白居易都是能者無所不能，詩詞均佳。杜甫則有詩無詞。李白才氣縱橫，詩如天馬行空，神龍出沒，不能以功力求之。故杜詩可學，李白詩不能學。這是在我讀他們兩位的詩作時不能不提醒讀者一下的。

李白浪跡江湖，落拓半生，生活經驗豐富，視野胸襟更闊，如果他仕途得意，唐明皇寵幸不衰。可能止於宮廷詩人，那對他反而是一大損失。任何國家、任何時代的大詩人、大作家，都不是佞臣，不屬於宮廷，不是金鑲玉的籠子裡的金絲雀，而是在高山上、田野裡、風雨中呼喚歌唱的蒼鷹、子規、黃鶯。這樣才能產生可歌可泣、可詠可歎的作品。李白有這樣的客觀條件，加上他是天生的詩人，所以他有很多好作品，而且都是妙手天成。如〈秋浦歌〉之一：

白髮三千丈，離愁似個長。
不知明鏡裡，何處得秋霜。

這首詩不但誇張得好，問也問得絕妙。

他〈贈汪倫〉這首詩，又表現了他重視友情：

李白乘舟將欲行，忽聞岸上踏歌聲。
桃花潭水深千尺，不及汪倫送我情。

他借用千尺深的桃花潭水，形容汪倫送他的深情，而且加上「不及」兩字，就地取材，信手拈來，毫無斧鑿痕，真是大手筆。他在〈上安州裴長史書〉中說：

「曩昔東遊維揚，不逾一年，散金三十餘萬。有落魄公子，悉皆濟之。……又昔與蜀中友人吳指南同遊於楚，指南死於洞庭之上，白禫服痛哭，若喪天倫。炎月伏屍，泣盡而繼之以血……猛虎前臨，堅守不動。……」

從這封信中，可知李白是一位重情感道義，至情至性的人。所以他十分自然地寫出了〈贈汪倫〉這首詩。

又〈聞王昌齡左遷龍標遙有此寄〉一詩，也是信手拈來，才情並茂的好詩：

楊花落盡子規啼，聞道龍標過五溪。
我寄愁心與明月，隨風直到夜郎西。

另一首〈金鄉送韋八之西京〉，更有妙句：

客自長安來，還歸長安去。
狂風吹我心，西掛咸陽樹。
此情不可道，此別何時遇？
望望不見君，連山起煙霧。

李白的詩就像說話一樣自然，一樣順口。「狂風吹我心，西掛咸陽樹。」他這顆心吹得多遠？又掛得多高多好？而他寫來卻不費吹灰之力。「望望不見君，連山起煙霧」，又是多麼自然？真是神來之筆。

李白的寫景詩也妙極了，他寫我故鄉九江廬山的瀑布，題爲〈望廬山瀑布〉，詩中的香爐峰在秀峰寺西北，他望的這個瀑布在秀峰寺東北後方，是一條相當長的瀑布，在星子縣那邊望去很美。李白應當是在山南這個角度望去的，他這首詩是七絕。

日照香爐生紫煙，遙看瀑布掛前川。
飛流直下三千尺，疑是銀河落九天。

遠遠望去，真像九天之上落下來的銀河。三千尺雖是誇大的寫法，但我這一生卻未見過比它更長的瀑布。

李白的思想接近莊周。從他的古詩之一「莊周夢蝴蝶，蝴蝶亦莊周……」中也可看出來。至於他〈答湖州迦葉司馬問白何人〉這首詩，只是文學作品而已。他與佛家相去還遠，就道家而言亦未登堂入室，因他一生訪道，未遇高人，不像呂洞賓得鍾離權真傳。但我不妨將他答湖州迦葉司馬這首詩錄在後面。

青蓮居士謫仙人，酒肆藏名三十春。
湖州司馬何須問？金粟如來是後身。

談完了李白，再談杜甫

杜甫，襄陽人，公元七一二年生。這年李隆基即位，天寶初應進士，不第。後獻三大禮賦，明皇奇之，召試文章，授京兆府兵曹參軍。安祿山陷京師，肅宗即位靈武，甫遯行赴任，拜左拾遺。嚴武鎮成都，奏爲參謀、檢校工部員外郎。嚴武卒，甫無所依，之東蜀就高適。既至，適卒，流寓三峽，寄家白帝城，夔府一帶。他居蜀五年詩作最多，〈秋興八首〉就是在三峽寫的，他的長詩〈兵車行〉、〈新安吏〉、〈石壕吏〉、〈新婚別〉、〈垂老別〉……都是寫戰爭和民間疾苦的，使我們能看到唐朝的社會實況，天寶之亂所留下的創傷，他個人的窮苦也可從〈茅屋爲秋風所破〉中得見一斑，他的絕律詩更好，多表現憂時憂國之心。如：

春望

國破山河在，城春草木深。
感時花濺淚，恨別鳥驚心；

烽火連三月，家書抵萬金。
白頭搔更短，渾欲不勝簪。

月夜憶舍弟

戍鼓斷人行，邊秋一雁聲。
露從今夜白，月是故鄉明；
有弟皆分散，無家問死生。
寄書長不達，況乃未休兵。

其中二、三兩聯工穩之至。一九九0年我應邀訪問大陸作四十天文學之旅，第一站到北京看望謝冰心前輩時，她就題了「月是故鄉明」這句詩送我。其實我遭逢的戰亂豈止「烽火連三月」？一離家抗戰就是七、八年，再加上勝利後的四、五年動亂，海峽兩岸隔絕四十年，其間有三十多年不敢通信問死生，豈是杜甫所能想像的！所以我必須以一百六十多萬字的大長篇《紅塵》來紀錄這段歷史，希望留給千百年後的中華子孫看看。如果我像杜甫一樣只活五十九歲，那就一切免談了。既然天未喪斯文，我就相信中華民族的文學良心、歷史良心與民族的智慧。我也像王安石一樣自信：「不畏浮雲遮望眼，只緣身在最高層。」

杜甫去世已經一千二百二十七年（七七〇—一九九七），我們還在讀他的詩，因爲杜詩是我們的文學良心、文學遺產。我們應該繼承。杜甫憂國憂民的詩固然是國之瑰寶，杜甫的〈戲爲六絕句〉的第一、二首也很有意義，頗與當今文壇情況暗合，特引錄如后：

庾信文章老更成，凌雲健筆意縱橫。
今人嗤點流傳賦，不覺前賢畏後生。

楊王盧駱當時體，輕薄為文哂未休。
爾曹身與名俱裂，不廢江河萬古流。

這兩首詩值得當今詩人作家三思。

杜甫的詩在風格上和李白的完全不同。杜甫的詩以功力勝，他是「語不驚人死不休。」他的詩格律最爲嚴謹，又念念不忘君國，與民生疾苦，他是一位寫實主義的大詩人。但他對詩風不同的李白卻推崇備至，毫無妒忌之心。他懷李白的詩很多，且引兩首如后：

春日憶李白

白也詩無敵，飄然思不群。
清新庾開府，俊逸鮑參軍；
渭北春天樹，江東日暮雲。
何時一樽酒，重與細論文。

不見（近無李白消息）

不見李生久，佯狂真可哀。
世人皆欲殺，吾意獨憐才；
敏捷詩千首，飄零酒一杯。
匡山讀書處，頭白好歸來。

李白、杜甫這兩大詩人的性格思想完全不同，詩自各有千秋，李白天生有俠肝義膽，思想近乎道家的莊子，但不及於老子，更不如呂洞賓一樣，得鍾離權真傳。他雖自稱青蓮居士，但不像王維那樣禪誦修行，他去佛家甚遠。杜甫則非道非佛，他是唐朝那種政治制度下的忠君、愛國、愛民的士大夫，他比韓愈高，他沒有個人功利思想，不以個人的功名利祿爲先，時時不忘民生疾苦，不過在思想境界方面，他和李白都隨五濁世界浮沉難以自拔。李白是

「酒肆藏名三十春」、「飄零酒一杯」、「佯狂真可哀」。杜甫則「白頭搔更短，渾欲不勝簪。」與陶淵明的「採菊東籬下，悠然見南山……此中有真意，欲辨已忘言。」的怡然自得，「渾然忘我」境界還有一段距離；與佛道兩家的無相、無我、無名、無爲的落差更大。所以我說李白寫不出呂巖那種作品，當然他們兩人也寫不出寒山、拾得、豐干那種作品了。這就是文學的思想境界問題，也是個人如何「解脫」的問題。這對一般的詩人作家來說似乎陳義過高，但對李白、杜甫這兩位不世出的大詩人而言，不算苛求。

丁丑（一九九七）四月十二——十三日於紅塵寄廬

暗風吹雨入寒窗

——元白詩情兼友情

唐朝詩人詩作旗鼓相當，私交亦厚者，李杜之外，以元微之、白居易最著，而其友情更深於李、杜，其作品亦各有千秋，元詩七五四首，少於白詩二八三七首甚多，但元之絕律極佳，且多性情之作。元卒年五十三歲，白高壽七十五歲，元較白少活二十二年，故作品數量難望白居易。而元、白均無子嗣，此二人又完全雷同也。李白六十二歲，杜甫五十九歲，故兩人作品數量亦相伯仲。詩人作家欲求不朽，壽命修短似亦爲一不可忽視因素。

元稹字微之，河南河內人。幼孤。母鄭賢而文，親授書傳。元和初，應制策第一。除左拾遺。歷監察御史，坐事貶江陵士曹參軍，徙通州司馬。自虢州長史徵爲膳部員外郎。拜祠部郎中、知制誥。召入翰林爲中書舍人、承旨學士，進工部侍郎同平章事。未幾罷相。出爲同州刺史。改越州刺史、兼御史大夫、浙東觀察史。太和初，入爲尚書左丞、檢校戶部尚書、兼鄂州刺史、武昌軍節度史。年五十三卒，贈尙書右僕射。

元稹自少與白居易倡和，時言詩者稱元白，號爲元和體，其集亦與白居易同名《長慶集》。詩二十八卷，七五四首。

元微之才氣縱橫，長短詩均所擅長，長詩有多達百韻者，唯好詩仍多爲絕律。他三十二歲〈寄隱客〉詩，不長，不太短，共五言二十四句，這是他任監察御史時坐事貶江陵士曹參軍時寫的。從這首詩中可見其心情與性情：

我年三十二，鬢有八九絲。非無官次第，其如身早衰。
今人夸富貴，肉食與妖姬。而我俱不樂，富貴亦何為？
況逢多朝士，賢俊若布棋。班行次第立，朱紫相參差。
謨猷密勿進，羽檄縱橫馳。監察官甚小，發言無所裨。
小官仍不了，譴奪亦已隨。時或不之棄，得不自棄之？
陶君喜不遇，顧我復何疑？潛書周隱士，白雲今有期。

元微之這次「下放」，使他想起了我的鄉前賢陶潛，而有息影林下之意。但這與陶靖節不爲五斗米折腰的情況不同。陶是不顧窮困，而不屑於折腰，比之微之官場失意而萌退意大不相同。元官場失意只寫下這首不長不短的詩，以示他不在乎「今人夸富貴，肉食與妖姬。而我俱不樂，富貴亦何爲？」這是消極的，無可奈何的，這與陶淵明的「田園將蕪胡不歸？……」是主動的，積極的意義不同。而陶歸田園後又有「採菊東籬下，悠然見南山」的「怡然自得」，與「此中有真意，欲辨已忘言」的「渾然忘我」。其境界的高低，不可同日而語。白居易「下放」江州時，他沒有直接發牢騷，表示內心的不滿，而間接地借長詩〈琵琶行〉中的棄婦歌女，盡情揮灑，一吐胸中塊壘。最後兩句「座中泣下誰最多？江州司馬青衫濕！」真是石破天驚，令人一掬同情之淚。因此，元微之自敘式的〈寄隱客〉的文學效果，較之白居易的「隔山打虎」的間接描寫的〈琵琶行〉，那就遜色多了。文學創作手法運用之妙，存乎一心，詩如此，小說更是如此。

元稹長詩甚多，但不敵白居易，絕律詩我最欣賞的是〈遣悲懷〉三首和寫給白樂天以及〈寄贈薛濤〉這些詩。

遣悲懷　三首

謝公最小偏憐女，嫁與黔婁百事哀。
顧我無衣搜盡篋，泯他沽酒拔金釵；
野蔬充膳甘長藿，落葉添薪仰古槐。
今日俸錢過千萬，與君營奠復營齋。
昔日戲言身後意，今朝皆到眼前來。

衣裳已施行看盡，針線猶存未忍開；
尚想舊情憐婢僕，也曾因夢送錢財。
誠知此恨人人有，貧賤夫妻百世哀。

閒坐悲君亦自悲，百年都是幾多時。
鄧攸無子尋知命，潘岳悼亡猶費詞；
同穴窅冥何所望？他生緣會更難期。
唯將終夜長開眼，報答平生為展眉。

元微之迭遭喪女喪子喪妻之痛，有〈哭小女降真〉、〈哭女樊四十韻〉及七絕一首，〈哭子〉十首，〈感逝〉及〈妻滿月日相唁〉各一首。在〈哭子〉詩中有「深嗟爾更無兄弟，自嘆予應絕子孫」及「自茲無復子孫憂」句，其悲傷可見。〈遣悲懷〉三首是悼亡之作，「貧賤夫妻百事哀」是經常有人引用的。〈寄贈薛濤〉是元微之登翰林後寫的。他爲監察御史時與成都名妓薛濤有過從、唱和。這首詩也是好詩。

錦江滑膩蛾眉秀，幻出文君與薛濤。

言語巧偷鸚鵡舌，文章分得鳳凰毛；
紛紛詞客多停筆，箇箇公卿欲夢刀。
別後相思隔煙水，菖蒲花發五雲高。

元微之與白居易的唱和最多，他與白的交情也非比尋常。他〈和樂天秋題曲江〉開頭就說：「十年訂交契，七年鎮相隨。長安最多處，多是曲江池。……」這種密切交往是李白、杜甫所未有的。所以他寫給白樂天的詩便和杜甫寫給李白的詩不一樣，情感的深切大不相同。如：

聞樂天授江州司馬

殘燈無焰影幢幢，此夕聞君謫九江。
垂死病中驚坐起，暗風吹雨入寒窗。

得樂天書

遠信入門先有淚，妻驚女哭問何如？
尋常不省曾如此，應是江州司馬書。

寄樂天

聞夜思君坐到明，追尋往事倍傷情。
同登科後心相合，初得官時髭未生；
二十年來諳世路，三千里外老江城。
猶應更有前途在，知向人間何處行？

他和白居易訂交十年，有七年時間同在長安游樂曲江池，又是同科。所以他才有「垂死病中驚坐起，暗風吹雨入寒窗。」和「遠信入門先有淚，妻驚女哭問何如？」之句，這都是真情流露，出自肺腑。元微之確是一位很重感情的詩人。

元微之不但是詩人，還是唐朝重要的小說家，他的《會真記》亦名《鶯鶯傳》，是元人《西廂記》的張本，無論小說戲劇，都很感人。不過戲劇偏重紅娘這個角色，崔鶯鶯和張生反而淪爲配角了。學小說的人應該看看《會真記》，這是很好的短篇，文字的精鍊是今天的小說家辦不到的。

白居易在全唐詩人中是很不尋常的一位。他除了作品最多，壽高（七十五歲）、位尊（

刑部尚書致仕〉之外，兄弟姊妹亦多，其弟白行簡也是唐朝著名的小說家，他的《李娃傳》是唐朝小說傑作，另外還有一篇《三夢記》。

白居易和元微之相同的是同科進士，同無子嗣，又在同一時期貶官下放。其他方面他都比元微之幸運，最難得的是他還有樊素、小蠻兩位能歌善舞的可人。「櫻桃樊素口，楊柳小蠻腰。」是兩句膾炙人口的詩。他晚年退休居洛陽履道坊，又是怎樣的情形呢？他自己說：

「地方十七畝，屋三之一，水五之一，竹九之一……」

他在〈池上篇〉一開頭就說：

「都城風土水木之勝，在東南偏；東南之勝在履道里；里之勝在西北隅；西北垣第一第，即白氏叟樂天退休之地。……」

白居易晚年退休之後生活如此優裕，不但元微之、李白、杜甫，難以望其項背，今天的大企業家才差可比擬。公務員就四兩棉花別「談」了。我今年已七十八歲，我的月退休俸僅本俸七成八，每月才三萬多臺幣，比一個普通工人還少，我雖然未貴爲「尚書」，也是簡任一級加年功俸的小主管，不過勉可餬口而已。那有資格養樊素、小蠻這樣的可人兒？更沒有資格像他一樣在七十四歲時在家舉辦「尚齒之會」。這個「尚齒之會」原先是五老，此五老是胡杲八十九歲，吉皎八十六歲，鄭據八十四歲，劉真八十二歲，張渾七十四歲，白居易七十四歲，盧真七十二歲。這年夏天又有一百三十六歲的李元爽與九十五歲的僧如滿二老與會。最後這兩位大老不知道白居易是從什麼地方謀來的？因爲他那個時代正如杜甫詩云「人生七十古來稀」。他請來這兩位大老該要花費多少？豈是今天的窮措大文人所敢想像的？他最倒楣的時候是在我故鄉江州任司馬四年，但他還在任上寫了一首流傳千古的〈琵琶行〉。還在廬山香爐峰下築了「草堂」，所謂「草堂」也者，「別墅」異名也。貶官也不是什麼大不了的事兒，仕途本來多風險，從前是「伴君如伴虎」，他沒有腦袋搬家，也是命大福大，較之近四、五十年來的兩岸文人作家，他是太幸運了。他去世時還贈尙書右僕射，謚曰文。自號醉吟先生，亦稱香山居士。這也是風雅的稱號。我敢斷言，他這位居士絕對不會像我這個「居士」嚴守五戒，吃長齋，每天打坐，每周登山，一上一下來回五千公尺，自找苦吃。我一生憂患，現在還去不掉憂患意識。他一生養尊處優，死時唐宣宗還親自寫了一首〈悼白居易〉的七律。宣宗是一位貨真價實的詩人，他這首詩絕非代筆。爲了證明我此言不虛，不妨先引宣宗的另一首七律〈百丈山〉來印證：

大雄真跡枕危巒，梵宇層樓聳萬般。
日月每從肩上過，山河長在掌中看；
仙峰不間三春秀，靈境何時天月寒？
更有上方人罕到，暮鐘朝磬碧雲端。

有這種修養功夫的詩人皇帝，他怎麼會要人代筆呢？而且他對白居易知之甚深，一片真情，這首悼念的詩絕非應酬之作。且看：

綴玉聯珠六十年，誰教冥籍作詩仙？
浮雲不繫名居易，造化無為字樂天；
童子解吟長恨曲，胡兒能唱琵琶篇。
文章已滿行人耳，一度思卿一悵然。

能得到這樣的「皇上」寫出這樣的詩來悼念他，白居易真是「生榮死哀」。反觀自孫中山先生去世之後，有那一位詩人作家生時像白居易那樣位至尙書，又受「皇上」如此尊重？（大陸還有茅盾當過文化部長，郭沫若自然更不在茅盾之下，那也是因爲毛潤之是詩人詞人的關係，周恩來又禮賢下士。而兩蔣重權術、少讀書，目無士子。等而下之者無論矣。）白居易晚年優游自在，死後又如此哀榮？如果今後兩岸詩人作家，有誰拿到諾貝爾文學獎，死時也不會有那一位「當今」，「哭」得出一首宣宗那般水準的七律來。大陸還可能有一位「主席」或「總理」會引用古人的適當詩句來加以贊歎。臺灣的政治人物流行

ABC，詩詞這種優美典雅的中國文學已成「有字天書」。請人寫輓聯能分出上下聯而不掛反的就是很大的榮幸了。

因此，我對白居易的作品不但「另眼相看」，對他的生平也不敢疏忽。唐朝詩風之所以大盛，唐詩之所以成爲一代文學的象徵，就是有太宗、宣宗這樣能詩的帝王。連武則天、徐賢妃也都能詩。「上有好焉者，下必有甚焉者矣！」豈偶然哉？

白居易生於大曆十年壬子，卒於會昌六年丙寅。公元七七二—八四六，享年七十五歲，小杜甫六十歲，小李白七十一歲。恰當中唐時代。但他個人的作品就佔了全唐詩將近十七分之一，一肩擔兩頭，他撐起了全唐詩的一片天。

白居易的詩長短不拘，絕律、敘事均佳。他最短的詩是〈花非花〉，至今仍傳誦不衰。其實這是一首創體詞。他的〈長相思〉詞、〈憶江南〉詞，都是絕佳好詞。不妨先各引一闋。

長相思

汴水流，泗水流，流到瓜州古渡頭。吳山點點愁。
思悠悠，恨悠悠，恨到歸時方始休。月明人依樓。

憶江南

江南好，風景舊曾諳。日出江花紅勝火，春來江水綠如藍。能不憶江南？

他的五、七言絕句，也都是典範之作。如：

別韋蘇州

百年愁裡過，萬感醉中來。
惆悵城西別，愁眉兩不開。

冬至夜懷湘靈

艷質無由見，寒衾不可親。
何堪最長夜，俱作獨眠人。

江南送北客因憑寄兄弟書（時年十五歲）

故國望斷欲如何？楚水吳山萬里餘。
今日因君訪兄弟，數行鄉淚一封書。

亂後過流溝寺

九月徐州新戰後，楚風殺氣滿山河。
唯有流溝山下寺，門前依舊白雲多。

重到毓村宅有感

欲入門中淚滿巾，庭花無主兩回春。
軒窗簾幕皆依舊，只是堂前欠一人。

曲江憶元九

春來無伴閒遊少，行樂三分減二分。
何況今朝杏園裡，閒人逢盡不逢君。

臨江送夏瞻（瞻年七十餘）

悲君老別我霑巾，七十無家萬里身。
愁見舟行風又起，白頭浪裡白頭人。

他這些絕句，每一首都是第四句畫龍點睛點得最妙，精華盡出。而他寫來十分自然，爐火純青，完全大家風範。

他的律詩也好，而且自負。當他編十五卷詩集，在卷末便題了一首七律戲贈元九、李十二。這首七律如后：

一篇長恨有風情，十首秦吟近正聲。
每被老元偷格律，（白自注：元九向江陵日，嘗以拙詩一軸贈行，自後格變。）
苦教短李伏歌行。（白自注：李十二常自負歌行，近見予樂府二十首，默然心服。）
世間富貴應無分，身後文章合有名。
莫怪氣粗言語大，新排十五卷詩成。

白居易編這十五卷詩時，還不到他全部詩集的一半，他有詩三十九卷。他寫這首詩時，年齡應該不大，官位大概也未至刑部尚書，所以他說「世間富貴應無分」，後來他退休時是既貴且富。他說「身後文章合有名」？這是他對自己的作品有信心，不是狂妄。連寒山子那樣的高人，也說這樣的話：

有人笑我詩，我詩合典雅。
不煩鄭氏箋，豈用毛公解？
不恨會人稀，只為知音寡。
若遣趁宮商，余病莫能罷。
忽遇明眼人，即自流天下。

這也不是狂妄，而是自信。所以千年以後，他的詩集終於在法國出版了法文版。白居易也證明了他的「身後文章合有名」的話，一點也不狂妄。所以一位真正的大詩人、作家，都很有自信心。但這種自信不是來自「暢銷書排行榜」，或是什麼票選流行歌星第一名。寒山子說的十分清楚：「不恨會人稀，只爲知音寡。若遣趁宮商，余病莫能罷。」他知道自己的作品曲高和寡，不是一般流行歌曲，也不是拍電影的好材料。但他相信「忽遇明眼人，即自流天下。」一位偉大的詩人作家，必須不同流俗，必須頭腦清楚，不被「政治行情」左右，不被「票房價値」左右，才能永遠存在，否則與肥皂泡泡一般無二。

正如白居易自己所說，他的長詩歌行在唐詩中也是首屈一指的，〈長恨歌〉、〈琵琶行〉就是很好的例子。這兩首長詩如果改寫成小說也絕不會比元微之的《會真記》遜色。

白居易除了絕律詩，長詩都好之外，因爲他自稱「香山居士」，他對佛學也有相當研究。對道家順其自然的思想也頗多體會。且引兩首七律以見其梗概。

寄李相公崔侍郎錢舍人

曾陪鶴馭兩三仙，親侍龍輿四五年。
天上歡華春有限，世間漂泊海無邊；
榮枯事過都成夢，憂喜心忘便是禪。
官滿更歸何處去？香爐峰在宅門前。

這首詩前兩句是說他與道家高人有來往，也侍候過皇上。三、四、五句是說好景不常，苦海無邊，人生如夢。第六句「憂喜心忘便是禪」，是學佛的行家話。禪也者是無人相、無我相、無眾生相、無壽者相。忘憂忘喜雖然還沒有到「無相」的層次，能「忘」也就不錯，不能「忘」怎能達到「無」的境界呢？能「忘」也才能達到老子所說的寵辱不驚的地步。最後兩句是說他在官滿之後要在香爐峰下息影。因爲他任江州司馬時曾在廬山香爐峰下築一「草堂」。我少年時就到過那一帶，那是廬山風景最秀麗的地方。陶淵明「採菊東籬下，悠然見南山」的栗里，也是在這一條風景線上。

詠懷

自從委順任浮沉，漸覺年多功用深。
面上減除憂喜色，胸中消盡是非心；
妻兒不問惟耽酒，冠蓋皆慵只抱琴。
長笑靈均不知命，江籬叢畔苦悲吟。

白居易這首詩是講他自己樂天知命，笑屈原不知命，佛道兩家思想均在其中，而他的修養也爐火純青。杜甫詩中看不到這種思想，杜甫是屈原型的詩人，李白是天才型的詩人，白居易則是樂天知命的豁達詩人，這和他游於佛道之間大有關係。但他不是佛道雙修的行者，因爲他還「妻兒不問惟耽酒」。酒色是修行的大忌。古時文人多詩酒風流，李白更是「酒肆藏名三十春」，所以有人誤以爲他酒醉蹈月而死於水。白居易比他幸運，佛道兩家思想也使白居易爐火純青。

從純文學的角度來看，我認爲白居易絕不在李杜之下；以人生境界、人生修養而言，白居易則在他們兩位之上。他字樂天，活到了七十五歲，比李、杜長壽很多，不是沒有原因的。

最後我要引他一首表現時代具有歷史意義的七律：

自河南經亂關內阻饑兄弟離散各在一處因望月有感聊書所懷寄上浮梁大兄於潛七兄烏江十五兄兼示符離及下邽弟妹

時難年荒世業空，弟兄羈旅各西東。
田園寥落干戈後，骨肉流離道路中；
弔影分為千里雁，辭根散作九秋蓬。
共看明月應垂淚，一夜鄉心五處同。

白居易的長詩〈長恨歌〉、〈琵琶行〉也都膾炙人口，因爲長了一些，不再引用了。

丁丑（一九九七）四月於紅塵寄廬

兩度劉郎詩貶官

人稱李白詩仙、杜甫詩聖，我謂白居易詩神，白居易則稱劉禹錫詩豪。其敘劉禹錫詩曰：「彭城劉夢得詩豪者也，其鋒森然，少敢當者。」又謂「其詩在處應有神物護持」，劉禹錫之受推重有如此者。

劉禹錫，字夢得，彭城人。貞元九年擢進士第，登博學宏詞科。從事淮南幕府，入爲監察御史。王叔文用事，引入禁中，與之圖議，言無不從。轉屯田員外郎，制度支鹽鐵案。叔文敗，坐貶連州刺史，在道貶朗州司馬。落魄不自聊，吐詞多諷託幽遠。居十年，召還。將置之郎署，以作玄都觀看花詩涉譏忿，執政不悅，復出刺播州。裴度以母老爲言，改連州，徙夔、和二州。久之，徵入爲主客郎中。又以作重遊玄都觀詩，出分司東都。度仍薦爲禮部郎中、集賢直學士。度罷，出刺蘇州，從汝、同二州。遷太子賓客分司。偃蹇寡合，以詩自適，與白居易唱和尤多。也同白樂天和元微之〈深春〉二十首。且看他幾首寫給白樂天的詩：

贈樂天

一別舊遊盡，相逢俱涕零。

在人雖晚達，於樹似冬青；
痛飲連宵醉，狂吟滿座聽。
終期拋印綬，共占少微星。

答樂天戲贈

才子聲名白侍郎，風流雖老尚難當。
詩情逸似陶彭澤，齋日多如周太常；
矻矻將心求淨法，時時偷眼看春光。
知君技癢思歡讌，欲借天魔破道場。

酬樂天見寄

元君後輩先零落，崔相同年不少留。
華屋坐來能幾日？夜臺歸去便春秋；
背時猶自居三品，得老終須卜一丘。
若使吾徒還早達，亦應簫鼓入松楸。

註：元微之五十三歲去世，崔亦早於白、劉二人仙遊。劉禹錫與白居易同年，白七十四卒，劉七十二卒，壽均高於元、崔。

憶樂天

尋常相見意殷勤，別後相思夢更頻。
每遇登臨好風景，羨他天性少情人。

和樂天春詞

新妝粉面下朱樓，深鎖春光一院愁。
行到中庭數花朵，蜻蜓飛上玉搔頭。

杏花園下酬樂天見贈

二十餘年作逐臣，歸來還見曲江春。
遊人莫笑白頭醉，老醉花間有幾人？

春日書懷寄東洛白二十二楊八二庶子

曾向空門學坐禪，如今萬事盡忘筌。

眼前名利同春夢，醉裡風情敵少年；
野草芳菲紅錦地，遊絲撩亂碧羅天。
心知洛下閒才子，不作詩魔即酒顛。

從劉禹錫和白居易的這些唱和詩中，可見兩人交情亦非泛泛。而這些詩文都是好詩，〈和樂天春詞〉這首七絕更是栩栩如生，每一句都富有意象美。連佳人以新妝的粉面，從朱樓下來，走到中庭數花朵，蜻蜓又飛上她的玉搔頭的人物「動態」都呈現出來了。這正是王維所說的「詩中有畫」。第二句「深鎖春光一院愁」中的「春光」和「愁」雖然比較抽象，但動詞「鎖」字和形容詞「一」字再加上名詞「院」字的組合運用，就產生了具象美的效果了。但劉禹錫只用了二十八個字。如果新詩人能用五十六個字寫出這麼好的詩來，不用他自封是當今第幾大詩人，我就會尊稱他爲當代第一大詩人。而柳宗元的五絕〈江雪〉更只有二十個字，如有那一位當代新詩人能以四十個字寫出那樣好的詩來，我一定拜他爲師。光是癩蝦蟆鼓氣，自我膨脹，是唬不倒人的。俗語說：「不怕不識貨，只怕貨比貨。」新詩、古典詩詞也要比，不比則詩人個個都是齊天大聖。沒有是非，黑白顛倒。這是當前的一大文學假象。重新透視文學真相是刻不容緩的。

劉禹錫的好詩當然不止和白居易唱和的這幾首，他的詩共有七九八首，好詩還很多，如七絕〈竹枝詞〉二首之第一首，〈堤上行〉三首之第一首，〈楊枝詞〉九首之第八首，〈金陵五題〉之前三首，〈韓信廟〉、〈西塞山懷古〉七律……等等，都是好詩。我不妨再引他另外三首七絕。

石頭城

山圍故國周遭在，潮打空城寂寞回。
淮水東邊舊時月，夜深還過女牆來。

烏衣巷

朱雀橋邊野草花，烏衣巷口夕陽斜。
舊時王謝堂前燕，飛入尋常百姓家。

臺城

臺城六代競豪華，結綺臨春事最奢。
萬戶千門成野草，只緣一曲後庭花。

以上這三首詩，很有歷史意義。凡是住過南京的人，大都知道這三個地名、地點。劉禹錫去今千年以上，但他的「淮水東邊舊時月，夜深還過女牆來。」以及「舊時王謝堂前燕，飛入尋常百姓家。」和「萬戶千門成野草，只緣一曲後庭花。」對於今天的一些迷戀權位、財富、靡靡之音者，應是暮鼓晨鐘。那些「朱門酒肉臭」的「天之驕子」，雖然不讀中國詩，羅馬帝國的故事應知道一些。白冰冰的女兒被綁架勒索五百萬美金，撕票棄屍，總是眼面前的事吧？還能粉飾太平嗎？萬里長城今何在，誰見當時秦始皇？

劉禹錫雖然官至加檢校禮部尚書，卒後又贈戶部尚書，但他在官場中並非一帆風順，而且有兩次竟因爲寫了兩首至玄都觀的看花詩而兩次貶官，且第一首和第二首已相隔十四年，居然使他在仕途栽了兩個筋斗。說來可笑。其玄都觀詩如下：

元和十一年自朗州召至京戲贈看花諸君子

紫陌紅塵拂面來，無人不道看花回。
玄都觀裡桃千樹，盡是劉郎去後栽。

再遊玄都觀

百畝庭中半是苔，桃花爭盡菜花開。
種桃道士歸何處？前度劉郎今又來。

丁丑（一九九七）四月二十八日於紅塵寄廬

山水尋吳越　風塵厭洛京

與張九齡、王維爲忘形交的孟浩然，襄陽人，少隱鹿門山。四十歲遊京師，於太學賦詩，一座驚伏。一日，王維私邀入內署，適明皇至，浩然走避不及，匿於牀下。維以實對。明皇喜曰：「朕聞其人而未見也。」詔浩然出，誦所作詩，至「不才明主棄」，帝曰：「卿不求仕，朕未棄卿，奈何誣我？」因放還。採訪使韓朝宗約浩然至京師，欲薦諸朝。會與故人劇飲懽甚，不赴。朝宗怒，辭行，浩然亦不悔也。張九齡鎭荊州，署爲從事。開元末，疽發背卒。李白曾有〈贈孟浩然〉五律一首，十分允當：

吾愛孟夫子，風流天下聞。
紅顏棄軒冕，白首臥松雲；
醉月頻中聖，迷花不事君。
高山安可仰，徒此挹清芬。

他自己有一首〈自洛之越〉的五律，也充分表現了他的心理：

皇皇三十載，書劍兩無成。
山水尋吳越，風塵厭洛京；
扁舟泛湖上，長揖謝公卿。
且樂杯中物，誰論世上名。

這首詩不但頷聯、頸聯對仗十分工整，表示他喜愛吳越山水，厭惡洛陽長安官場，樂於詩酒流連的生活旨趣。在唐朝那種士大夫社會，如韓愈等以富貴爲榮，一旦失寵貶官便如泣如訴，怨天尤人。而且還要強侄孫韓湘與權貴結裙帶關係。韓湘不爲所動，愈以詩勸之：

才為世用古來多，如子雄文世孰過？
好待功名成就日，卻收身去臥煙蘿。

韓湘何許人也？韓湘就是八仙之一的韓湘子。他當時答了韓愈一首七絕，很妙。

舉世都為名利醉，伊予獨向道中醒。

他時定是飛昇去，衝破秋空一點青。

後來韓湘果然成仙。

韓湘是道家，他有目標，追求的是得道成仙的更高境界。孟浩然則是儒家中淡泊功名利祿的詩人，境界高於一般士大夫，出圬泥而不染，而尚未入於道。孟浩然和杜牧也不同，杜牧是在紅塵中打滾，有點遊戲人生，享受人生。孟浩然則是潔身自好，悠然自得，但也未到達陶淵明那種「此中有真義，欲辨已忘言。」的忘我境界。

孟浩然有詩二百五十五首，好詩以五言較多。詩味淡遠，與王維近似。

宿桐廬江寄廣陵舊遊

山溟聞猿愁，滄江急夜流。
風鳴兩岸葉，月照一孤舟；
建德非吾土，維揚憶舊遊。
還將兩行淚，遙寄海西頭。

這首詩最好的是「風鳴兩岸葉，月照一孤舟。」這一聯，不但對仗極其工隱，寫景極妙。「風鳴兩岸葉」，產生了聽覺和視覺的雙重效果，「月照一孤舟」產生了視覺的意象美。其所以產生這麼好的效果，是名詞動詞運用之妙，以「風」鳴「兩岸葉」，以「月」照「一孤舟」，自然能引起讀者的共識共鳴。不必像現代派詩人一樣大費手腳以圖案畫來補助文字的無力，結果適得其反。文學完全是文字語言的藝術，只有不會駕馭文字語言的人，才會去借用其他工具，因而顯得格格不入，弄巧成拙。

晚泊潯陽望廬山

掛席幾千里，名山都未逢。
泊舟潯陽郭，始見香爐峰；
嘗讀遠公傳，永懷塵外蹤。
東林精舍近，日暮但聞鐘。

這是一首即景即事詩。開頭兩句是說他坐船行了幾千里，都未看到名山。舟停九江，才看見香爐峰。東林寺在香爐峰北面山下，淨土宗創始人慧遠大師就駐錫東林寺，這是中國佛教史中的一大古刹。唐時曾有殿相塔室三一0間，是當時藏經最多的寺院。淨土宗與禪宗是中國佛教的兩大主流，信眾最多，現在日本的東林教，仍以九江東林寺慧遠大師為始祖。孟浩然的「東林精舍近，日暮但聞鐘。」只是文學作品的誇張手法，與現實尚有距離。在九江江邊是望不見東林寺，更聽不見鐘聲的。我生於潯陽、長於潯陽，又在廬山讀書三年，從來沒有這種生活經驗。但是孟浩然這兩句詩並沒有脫離現實。廬山確有香爐峰，香爐峰（北面）下確有東林寺，東林寺內確有淨土宗的創始大師慧遠和尙，而廬山也確是名山，孟浩然這首詩句句是實，絕非說夢話。最後兩句與李白寫山南的瀑布水「飛流直下三千尺，疑是銀河落九天。」是同樣的誇張手法，李白誇張的是長度，孟浩然誇張的是拉近距離。沒有這種誇張，就全失去詩的魅力。

梅道士水亭

傲吏非凡吏，名流即道流。
隱居不可見，高論莫能酬；
水接仙源近，山藏鬼谷幽。
再來迷處所，花下問漁舟。

過故人莊

故人具雞黍，邀我至田家。

綠樹村邊合，青山郭外斜；
開軒面場圃，把酒話桑麻。
待到重陽日，還來就菊花。

孟浩然的詩和王維的詩一樣沒有激情，而詩味淡遠。不像杜牧的詩情感起伏那麼大，衝擊力那麼強。即以家喻戶曉，幾乎人人能脫口而出的名作〈春曉〉來說，也是一樣。

春曉

春眠不覺曉，處處聞啼鳥。
夜來風雨聲，花落知多少？

他這首詩爲什麼流傳千載而不衰？因爲他寫的是農業社會人人的共同經驗。（住在大都市水泥森林中的人沒有這種福氣）我現在還享受著這種生活經驗。只是年紀大了，起得很早而已。往往「鳥聲伴我共參禪」。鳥已經與我融爲一體了。這是我的個人經驗。

丁丑（一九九七）五月十二日紅塵寄廬

千古一絕寒江雪

柳宗元，字子厚，河東人。登進士第，應舉鴻辭，授校書郎、調藍田尉。貞元十九年，爲監察御史裡行。王叔文、韋執誼用事，尤奇待宗元。與劉禹錫同爲禮部員外郎。叔文敗，劉禹錫貶連州刺史、再貶朗州司馬。柳宗元則貶永州司馬。這在唐時都屬於落後地區。白居易貶江州司馬，實較柳、劉二人幸運。宗元少精警絕倫，爲文雄深雅健，踔厲風發，爲流輩所推仰。既下放蠻瘴，益自刻苦。一寓諸文，讀者爲之悲惻。元和十年，移柳州刺史。江嶺間多進士者，走數千里，從宗元遊。經指授者，爲文辭皆有法。世號柳柳州。柳宗元有集四十五卷、詩四卷。第一卷表章三十五篇，不能算是詩，第二卷以後一四四首，多爲絕律詩。柳宗元因爲早卒，所以作品數量比李白、杜甫、元微之、白居易、劉禹錫的都少。他只活了四十七歲。

他的詩作數量雖不多，但絕律詩好的多。五言的更好。尤以五絕〈江雪〉一首，獨步全唐，無人能及。中國詩、中國文字，語言運用之妙，已入化境。今之動輒以所謂西方美學、心理學談詩以唬中國人者，早該休矣。不讀中國古典文學作品，徒顯其幼稚。

柳宗元的〈江雪〉只有二十個字。這二十個字是：

千山鳥飛絕，萬徑人蹤滅。
孤舟簑笠翁，獨釣寒江雪。

這二十個字，每一個字都發揮了絕妙作用，產生了最大的效果。前兩句的對仗真是天衣無縫。本來絕句不必對仗，即使是律詩，前兩句也不必對仗。但是柳宗元對了，而且是一個字、一個字絕妙的對！「千」對「萬」是數字的對；「山」與「徑」，「鳥」與「人」是名詞的對、人物的對；「飛絕」和「蹤滅」是兩個字組合的對；單獨的「絕」和「滅」則是形容詞和形容詞的對。這是一首素描、寫景的五言詩，山、鳥、孤舟、釣翁、寒江、雪，形象豐富、突出，意境絕妙。語言、文字之精鍊準確，音律節奏之美，是西洋詩辦不到的，中國新詩也辦不到的。尤其是所謂現代派和什麼「後現代派」詩人，做夢也想不到，哭也哭不出來的。從這首詩可以充分證明，中國文字、語言之妙。用中國文字語言，創作文學作品，是最好的表現工具。尤其是寫詩、寫小說、更非運用中國文字、語言的優點、特性不可。我們的文學前賢，留給我們的文學遺產實在太豐富優厚了！我們沒有理由盲目崇洋、媚外。如果我們不會運用，而去取法乎下，那是捧著金碗討飯，作乞兒相，自我作賤。

柳宗元的好詩還有不少，如：

過衡山見新花開卻寄弟

故國名園久別離，今朝楚樹發南枝。
晴天歸路好相逐，正是峰前迴雁時。

這首詩臺灣讀者要注意的是時令、地點。雁是候鳥，以大陸南北氣候而言，北方東三省、內外蒙古，一入冬便天寒地凍，棲息北方的雁，自然漸次南移，逐水草而居。但是到了湖南衡山、衡陽一帶，即使是冬天也不算冷，所以衡山有迴雁峰，俗語有謂雁不過衡山。尤其是春暖花開時，雁兒就要逐漸回歸北方了。所以柳宗元這首詩是即景即情之作。最後一句「正是峰前迴雁時」，正好點出節令。不稍加說明，臺灣讀者恐不易體會出來。文學作品不是玩文字遊戲，喜歡玩文字遊戲的是現代派詩人。中華古典詩詞研究所副所長、早年曾任陸軍醫院內科醫師、並專研精神醫學理論多年，後又以其通曉古希伯來文、古希臘文之便，攻研神學、神話，因而五教兼通的詩人、詞人畫餅樓主，在其所著的《詞中的感受境界》一書附錄〈現代派詩的精神分析〉文中說得很清楚，他指出這是一群「功能精神病」。正常的詩人作家是不會得這種病的。柳宗元就是一位十分正常的大詩人。

衡陽與夢得分路贈別

十年憔悴到秦京，誰料翻為嶺外行？
伏波故道風煙在，翁仲遺墟草樹平；
直以慵疏招物議，休將文字占時名。
今朝不用臨河別，垂淚千行便濯纓。

重別夢得

二十年來萬事同，今朝歧路忽西東。
皇恩若許歸田去，晚歲當為鄰舍翁。

柳宗元和劉禹錫是同事，兩人又同時貶官下放。前一首詩是在衡陽分手時寫的。第二首詩是各奔西東時寫的。不過後兩句「皇恩若許歸田去，晚歲當爲鄰舍翁。」這一願望柳宗元沒有達到。因爲他只活了四十七歲，而劉禹錫卻高壽七十二歲。他們兩人前二十年窮通相似，但壽夭卻不相同。此無他，命也，非運也。孔子說「不知命無以爲君子」。白居易也笑屈原不知命。詩人、作家，如果不知命，得意時就會忘形，不知道自己姓什麼？失意時就會怨天尤人，不會自我檢討、反省。如果我們能冷眼旁觀，就會發現不少這類作家、詩人。

柳宗元還有兩首七律也很好，從中也可略見當地風情和他當年在柳州的心情。（廣西歷來是個少數民族地區，現在名爲壯族自治區。）

登柳州城樓寄漳汀封連四州

城上高樓接大荒，海天愁思正茫茫。
驚風亂颭芙蓉水，密雨斜侵薜荔牆；
嶺樹重遮千里目，江流曲似九迴腸。
共來百越文身地，猶自音書滯一鄉。

別舍弟宗一

雪落殘紅倍黯然，雙垂別淚越江邊。
一身去國六千里，萬死投荒十二年；
桂嶺瘴來空似墨，洞庭春盡水如天。
欲知此後相思夢，長在荊門郢樹煙。

前一首後兩句「共來百越文身地，猶自音書滯一鄉。」說明了當時當地交通不便，通信困難，人民猶有文身之風。後一首三、四兩句「一身去國六千里，萬死投荒十二年；」十分沉痛。所以我說白居易下放到襟江（長江）、帶湖（鄱陽湖），又坐擁天下名山廬山的陶淵明和我的出生地，交通便利、人文薈萃的江州，他比起劉禹錫、柳宗元兩位詩人來是幸運太多了。

丁丑（一九九七）五月一日紅塵寄廬

佛道雙修司空圖

司空圖在唐朝詩人中，如果與他的前輩大詩人王維、李白、杜甫、元稹、白居易……等等相比，可以說「其名不彰」。雖然他的七絕〈河湟有感〉是一首感慨很深的愛國詩，但是能背的人還是很少，因此他的知名度也不算高。而他那些佛道雙修的高境界的禪詩，能看懂的人就更少了。這次我寫詩話重新將他的三九五首詩細看一遍，覺得他與許多鼎鼎大名的前輩詩人足以並駕齊驅，而有他那種高思想境界的，則少之又少。

司空圖，字表聖，河中虞鄉人。少有俊才，晚年避世棲遯，自號知非子、耐辱居士。咸通末，擢進士第。由宣歙幕歷禮部郎中。僖宗行在用爲知制誥、中書舍人。後歸隱中條山王官谷。有先世別墅，泉石林亭，日與名僧、高士遊詠其中。龍紀、乾寧間，徵拜舊官，及以戶、兵二部侍郎召，皆不起。遷洛後，被詔入朝，以野耄丐歸。朱全忠受禪，召爲禮部尚書，不食而卒。卒時年歲多少？無紀載。但在他的詩中，兩次提到七十歲。一是〈乙丑人日〉這首詩：

> 自怪扶持七十身，歸來又見故鄉春。

今朝人日逢人喜，不料偷生作老人。

二是〈修史亭〉三首之二又提到他的年齡：

甘心七十且酣歌，自算平生幸已多。
不似香山白居士，晚將心事著禪魔。

他寫這首詩時未注明年月，與他「不食而卒」相隔多久？無從查考。但可以確定的是他最少已經七十歲了。因爲在這首詩之後他還有很多作品，我推測他不會比白居易的七十四歲少。因爲他佛道雙修，而且修行很好，他認爲白居易晚年「著禪魔」。從他另外幾首禪詩看來，他比白居易的修行體驗深。我在後面再作分析。現在先看看他的〈河湟有感〉這首七絕：

一自蕭關起戰塵，河湟隔斷異鄉春。
漢兒盡作胡兒語，卻向城頭罵漢人。

這首詩最能反映司空圖所處的那個盛極而衰，內憂外患夾攻的唐朝末代。千年以下的今天，我們何嘗不是處在相似的情況中？「漢兒盡作胡兒語，卻向城頭罵漢人。」彷彿是我們同輩人寫的。只是當今我們的詩人不但寫不出這種詩來，反而以能說「胡語」自重，鄙視不會「胡語」的同胞，甚至以「胡語」當面罵自己的同胞呢！司空圖絕不會想到千年以下還有這種情況的。文學作品的價値亦在此。其實司空圖並沒有死，他這首七絕足以使他不朽。

司空圖的詩以五絕、七絕最多。最難能可貴的是他還有詩論《詩品》二十四則，都是以四言詩寫的，這在全唐詩人中也是獨一無二的。先錄他一首七律〈華下〉：

籜冠新戴步池塘，逸韻偏宜夏景長。
扶起綠荷承早露，驚迴白鳥入殘陽；
久無書去干時貴，時有僧來自故鄉。
不用名山訪真訣，退休便是養生方。

顯然，這是他退休歸隱中條山王官谷的生活寫照。他以筍籜爲冠，是真的回歸自然，返璞歸真。「久無書去干時貴，時有僧來自故鄉。」也是寫實之作。最後一句「退休便是養生方」，可見他對這種退隱生活怡然自得。他首次被徵召，不起。第二次被詔入朝又「以野耄丐歸」。第三次是朱全忠受禪，召爲禮部尚書，「不食而卒」。這在今天的政治人物看來，棄尚書不做，乃至絕食而死，真是「不可思議」，「愚不可及」。這大概是當今的權貴喝多了「洋水」，不像司空圖是個道地的「土包子」的關係吧？同理，喝「洋水」的自然更不會也哭不出〈河湟有感〉那種愛國情般的古典詩了。

偶題

水榭花繁處，春晴日午前。
鳥窺臨檻鏡，馬過隔牆鞭。

這是一首寫景即事詩，司空圖退隱中條山王官谷，自有閒情，而他又觀察入微，不但注意到「鳥窺臨檻鏡」，還聽到「馬過隔牆鞭」。他第三句寫「鳥窺鏡」的事，我少年時在廬山讀書曾多次看見一隻喜鵲對著二樓窗子的玻璃中的牠自己的身影，不斷撲啄，而且去而復返，牠以爲鏡中的喜鵲是自己的敵人，看看不禁好笑，但是我沒有留下一首五絕。看到司空圖這首詩，才想起六十多年前的陳年往事，正可以印證司空圖這句詩是寫實的。詩人、小說家的生活體驗同樣重要。文學作品都自生活中來，很多人白活一輩子，就是缺少生活體驗和文字語言的表達能力。詩人、小說家與一般人不同者在此。

亂後　三首之二

流芳能幾日，惆悵又聞蟬。
行在多新貴，幽棲獨長年。

這是他〈亂後〉感懷三首中的第二首。其他兩首也好，但是這一首更能突破時空。猶憶我自一九三八年夏，赴武昌投筆抗日起，眼見希特勒橫掃歐洲；墨索里尼不可一世；史太林叱咤風雲，幾令全球變色；毛潤之予智自雄，目空一切；邱吉爾、羅斯福縱橫捭闔，稱霸全球；……然而「數風流人物」，而今安在？真是「流芳能幾日，惆悵又聞蟬。」等而下之者，何嘗「留芳」？遺臭則有之，豈足道哉？縱然「行在多新貴」，還是「幽居獨長年」。所以司空圖的退隱中條山王官谷，不但給我們後人留下不少文學遺產，還有超時空的教訓。人還是安分守己的好。老子說：「夫惟不爭，故天下莫能與之爭。」又說：「是以聖人，終不爲大，故能成其大。」今之狂人反其道而行，所以也應驗了老子的「飄風不終朝，驟雨不終日。」這兩句話。禍福無門，唯人自召。因果相隨，歷歷不爽。

司空圖還有幾首詩偈，禪味十足，不能不引：

偈

人若憎時我亦憎，逃名最要是無能。
後生乞汝殘風月，自作深林不語僧。

與伏牛長老偈　二首

不算菩提與闡提，惟應執著便生迷。
無端指箇清涼地，凍殺胡僧雪嶺西。

長繩不見繫空虛，半偈傳心亦未疏。
推倒我山無一事，莫將文字縛真如。

從司空圖這三首詩偈看來，司空圖不是唐朝一般游於佛道之間的詩人，他修行的等級相當高。第一首詩偈一般讀者可能都懂，但其中仍有深意。如第一句即有典故，即是佛「恆順眾生」。維摩詰說「眾生有病故我亦病」。佛與眾生是一體的，所以司空圖的第一句便寫「人若憎時我亦憎」。第二句涵蓋佛道兩家思想，釋迦牟尼與老子都講無爲。老子更說「眾人昭昭，我獨若昏。眾人察察，我獨悶悶。」這也就是他所說的「大智若愚」。但非大智者不能作到。所以司空圖說「逃名最要是無能」。這也就是「明哲保身」。所以他才有最後一句

「自作深林不語僧」。猶憶二十年前，廣欽老和尚在世時，我曾和一位將軍去看過他，想請教他一些重大問題，可是他兩眼似開似合，渾渾沌沌，一言不發。看來似乎是十足無知的鄉下糟老頭子，什麼也不懂似的。這真是「大智若愚」。這也是廣欽老和尚「自作深林不語僧」的逃名方法。如果他也像某密宗「大師」，常在媒體大吹法螺，放言休咎，怎能成爲得道居士、高僧？

〈與伏牛長老偈〉的第一首，更是修禪學佛甚深的行家語。「菩提」即「覺」，學佛的人必須發提心，發阿褥多羅三藐三菩提心，這是成佛之機。「闡提」不然，阿彌陀佛成佛以前，棄國捐王作沙門，是號曰法藏的比丘。他曾許下四十八大願，一願不成即不取正覺。地藏王菩薩也發下「地獄不空誓不成佛」的大願，這就是「闡提」的含義。但司空圖的詩開宗明義便說：「不算菩提與闡提，惟應執著便生迷。」他兩句詩就道破了學佛忌在「執著」，一執著即「迷」，一「迷」便「不能覺」，「不覺」怎能成佛？下兩句詩「無端指箇清涼地，凍殺胡僧雪嶺西。」更是開悟者的內行話。所謂清涼地，是一種修行境界，並不是指喜瑪拉雅山或崑崙山的高峰，才是清涼地，如果是指地球上的高山絕頂，那不凍死所有的和尚才怪！豈止胡僧而已！

學佛修道，不僅重在開悟，而且還要證悟。且舉兩例。

憨山大師九歲隨母禮佛，在寺中讀書。十九歲在棲霞山剃度出家，直到四十一歲的某一天夜晚，在靜坐中起來，「見海湛空澄，雪月交光，忽然身心世界，當下㸌沉，如空華影落，洞然一大光明藏，了無一物。」他還不知道這是什麼境界？即歸室中取閱《楞嚴經》，得到證悟。以前他不是沒有讀過《楞嚴經》，但是未經「證悟」。只讀經文，猶如望梅不能真正止渴，看別人吃飯不能自己充飢。修行必須「證悟」。

釋迦牟尼十九歲出家，苦修了六年，還未修到究竟，後來得吉祥童子送吉祥草給他打坐，從此靜坐冥想，經過無數境界，直到三十五歲這年，十二月初八日於中夜見天上明星，始豁然大澈大悟。

憨山是肉身菩薩，釋迦牟尼是佛祖，他們都經過一番寒澈骨的修行，得到內在的體驗和印證，才能得道。司空圖能寫出這種詩偈，說出清涼地不是隨便亂指的，可見他修行的等級已經甚高。第二首「推倒我山無一事，莫將文字縛真如。」也是強調要去「我執」，也不能執著經文。正如《金剛經》所云：「若以色見我，以音聲求我，是人行邪道，不能見如來。」若死背經文，亦不能見真如本性。所以禪宗有不立文字，不用語言的說法，傳道則是以心印心。因爲語言文字有時而窮，無法精確地說出「道」來。老子也說：

「道之爲物，惟恍惟惚。惚兮恍兮，其中有象。恍兮惚兮，其中有物。」

怎樣把握住這恍惚有無之間的大道？那要靠辛苦的修行，和深慧根、大福報。我在拙著《紅塵心語》九十六頁〈學佛學文在慧根〉一文中就說到這一點。

修行是要經過一番寒澈骨的，不是穿上一身袈裟，多蓋幾座大廟，多收一些有博士學位的徒弟，多灌灌頂而已。

司空圖是有修行的，他的詩非泛泛之作。如果稍一大意，或不通佛道思想，不曾修行者，是很容易疏忽，或不知其奧妙的。讀杜甫或其他純詩人的詩，便不會如此。

最後應該看看他的《詩品》。

司空圖的《詩品》共二十四則。即：雄渾、沖淡、纖穠、沉著、高古、典雅、洗煉、勁健、綺麗、自然、含蓄、豪放、精神、縝密、疏野、清奇、委曲、實境、悲慨、形容、超詣、飄逸、曠達、流動。

這些綱目，他各以四言十二句完成。如果是今人寫論文，必引經據典，洋洋灑灑，動輒數十萬言，但很少是自己的創作心得，十之八九是將他人的見解七拼八湊而成，所以那些理論無益於創作，只是混個學位或學者、教授的虛名，自己甚至連一首像樣的詩都寫不出來。有的甚至連平仄都弄不清楚。司空圖不然，他一共只用二八八句、一一五二字，但每一則都是他自己的創作心得，沒有一句是別人的。且舉兩則如后：

洗煉

猶鑛出金，如鉛出銀。超心煉冶，絕愛緇磷。

空潭瀉春，古鏡照神。體素儲潔，乘月返真。
載瞻星辰，載歌幽人。流水今日，明月前身。

自然

俯拾即是，不取諸鄰。俱道適往，著手成春。
如逢花開，如瞻歲新。真如不奪，強得易貧。
幽人空山，過水采蘋。薄言情晤，悠悠天鈞。

丁丑（一九九七）五月二十二日紅塵寄廬

才高命蹇溫八叉

與李商隱同有名於時的溫庭筠，人稱溫李。少敏悟，才思艷麗，韻格清拔。工詞章小賦。然行無檢幅。數舉進士不第，每入試，押官韻作賦，凡八叉而成，時號溫八叉。溫庭筠本名岐，字飛卿，太原人。宰相彥博裔孫。徐商鎮襄陽，署爲巡官。不得志去。歸江東。後商知政事，頗右之。欲白用。會商罷相，楊牧疾之，貶方城尉，再遷隨縣尉卒。溫無功名（今之學位），一生不遇，較之李商隱一生依人作嫁更不如。此可能與其「行無檢幅」有關。有集二十八卷。詩九卷，共三三四首。

溫詩七言多於五言。但五言名句「雞聲茅店月，人跡板橋霜。」卻流傳千古。抗戰時我在江西贛州工作，贛州有小鎮名茅店。每次我去小鎮，自然會想起這兩句詩，覺得這兩句詩寫得實在太好，不但是溫庭筠的生活體驗，也是我們的生活體驗。在臺灣生長的人，二、三十年前可能還有「雞聲茅店月」的體驗，但不會有「人跡板橋霜」的體驗。溫是太原人，所以他有這種生活經驗。我們生長在庾嶺以北的大陸各省的人，那有這種體驗。但是溫庭筠先寫出來了，所以後人只好擱筆。正如李白看到崔顥的黃鶴樓詩，他也不敢再寫黃鶴樓。雖然他有一首〈黃鶴樓送孟浩然之廣陵〉，但那完全不是寫黃鶴樓。以李白的高才，尚且要讓崔顯一步，後人又怎敢不在溫八叉面前藏拙呢？只有那些不自量力的人，才敢和杜甫的〈秋興〉八首，才敢和毛潤之的〈沁園春〉，結果都是東施效顰，徒暴其短耳！須知詩詞多屬性靈之作，往往有神來之筆在焉。同一位作者也往往是可一而不可再的，何況是兩個不同的人。以〈沁園春〉這闋詞來講，塡的人可以車載斗量，但誰有毛潤之那種目空一切的氣概？不可一世的才情？李後主的詞該是前無古人的了，但李後主只是詞人而已，根本不是帝王的料，尤其不是赤手空拳打天下，打爛仗，以小搏大，以弱擊強，有英雄氣，還有流氓氣的帝王的料，所以他只能寫「垂淚對宮娥」這樣喪氣的詞和「雲籠遠岫愁千片，雨打歸舟淚萬行。」這樣喪氣的詩來。毛潤之那種目空一切，氣吞河嶽的〈沁園春〉，他就是哭乾了眼淚也哭不出來的。此無關文字，而在於人的氣質。專在文字上去雕琢的詩人詞人也者，那只是「雕蟲小技」，難以成其大。同樣的道理，毛潤之也絕對寫不出寒山、拾得、豐干、呂洞賓那種超世界的高境界的詩來。這不僅關乎人的氣質，還有關個人的福報、因緣、修持，缺一不可。文學豈小道哉？

溫庭筠的五言詩除了上面的那兩句絕妙好詩外，再引他〈太子西池〉二首之二如下：

花紅蘭紫莖，愁草雨新晴。
柳占三春色，鶯偷百鳥聲；

日長嫌輦重，風暖覺衣輕。
薄暮香塵起，長陽落照明。

這首詩的頷聯「柳占三春色，鶯偷百鳥聲。」也是絕妙好句。在大陸，柳自發芽、抽葉、垂枝，在三春景色當中，它確是獨領風騷。所以詩人寫柳的很多，但沒有人寫過「柳占三春色」，而溫庭筠寫了。黃鶯不但羽毛十分美麗，鳴聲更好聽。尤其是「兩個黃鸝鳴翠柳」，那種視覺和聽覺的享受，生長江南的人感受都很深，但是說不出來，那聲音之好聽，確是集百鳥之長。溫庭筠這個「偷」字用得最妙。我已經六十多年沒有看過黃鶯像流星一樣地在柳林中叫著穿梭而過。我相信溫庭筠也有這種生活經驗，否則他寫不出這句詩來。文學作品不是從天上掉下來的，詩也是生活經驗、感情經驗的重現。

溫庭筠和李商隱一樣，七律多而好。且看：

贈蜀府將

十年分散劍關秋，萬事皆隨錦水流。
志氣已曾明漢節，功名猶自滯吳鉤；
鵰邊認箭寒雲重，馬上聽笳塞草愁。

今日逢君倍惆悵，灌嬰韓信盡封侯。

西江貽釣叟騫生

晴江如鏡月如鉤，泛灩蒼茫送客愁。
夜淚潛生竹枝曲，春潮遙上木蘭舟；
事隨雲去身難到，夢逐煙消水自流。
昨日歡娛竟何在？一枝梅謝楚江頭。

墨人註：第四句「遙上」如改為「搖上」則更妙。

利州南度

澹然空水對斜暉，曲島蒼茫接翠微。
波上馬嘶看櫂去，柳邊人歇待船歸；
數叢沙草群鷗散，萬頃江田一鷺飛。
誰解乘車尋范蠡，五湖煙水獨忘機。

偶題

微風和暖日鮮明，草色迷人向渭城。
吳客捲簾閒不語，楚娥攀樹獨含情；
紅垂果蒂櫻桃重，黃染花叢蝶粉輕。
自恨青樓無近信，不將心事訴卿卿。

題望苑驛

弱柳千條杏一枝，半含春雨半垂絲。
景陽寒井人難到，長樂晨鐘鳥自知；
花影至今通博望，樹名從此號相思。
分明十二樓前月，不向西陵照盛姬。

七夕

鵲歸燕去兩悠悠，青瑣西南月似鉤。
天上歲時星右轉，世間離別水東流；
金風入樹千門夜，銀漢橫空萬象秋。
蘇小橫塘通桂檝，未應清淺隔牽牛。

春日將東歸寄新及第苗紳先輩

幾年辛苦與君同，得喪悲歡盡是空。
猶喜故人先折桂，自憐羈客尚飄蓬；
三春月照千山道，十日花開一夜風。
知有杏園無路入，馬前惆悵滿枝紅。

溫飛卿的七律遣詞造句都煞費苦心，雖然人稱他「溫八叉」，有倚馬之才，但他一點也不草率，而且幾近雕琢。最後一首可見他「數舉進士不第」的落魄心情。最後兩句「知有杏園無路入，馬前惆悵滿枝紅。」讀來更令人同情。杜甫也有「文章憎命達」之嘆。文人詩人之遇與不遇，時也運也命也。人生有得有失，如文人詩人官場得意，必無文學前途。惟其失意，文學生命才能愈挫愈燦爛輝煌。一手抓兩隻鱉是不可能的。其實老天也是很公平的。除非有特殊的福報、慧根的文人、詩人，才能富貴壽考名垂千古。但此例甚少，白居易可以算是一位。而文學生命則遠比過眼雲煙的富貴長久。惟洞燭機先的智者，始能知所選擇，始知如何安身立命耳。鼠目寸光者，不足以語此。

丁丑（一九九七）五月十八日紅塵寄廬

當壚仍是卓文君

中唐以後，杜牧、李商隱，無疑是兩顆閃閃發光的詩星。他們兩位也可說是一時瑜亮。兩人作品的數量也相當，杜牧有詩五百二十五首，李商隱有詩五百九十八首，比杜牧多七十三首。杜牧以七絕膾炙人口，李商隱則以七律令人迴腸盪氣。真是各有千秋。

李商隱，字義山，懷州河內人。令狐楚帥河陽，奇其文，使與諸子游。楚徙太平、宜武、皆表署巡官。開成二年，高鍇知貢舉，令狐綯雅善鍇，獎譽甚力，故擢進士第。調弘農尉，以忤觀察使，罷去。尋復官，又試拔萃中選。王茂元鎮河陽，愛其才，表長書記，以女妻之，得侍御史。茂元死，東遊京師，久不調，更依桂管觀察使鄭亞府爲判官。亞謫循州，商隱從之，凡三年乃歸。茂元與亞皆李德裕所善，綯以商隱爲忘家恩，謝不通。京兆尹盧弘正表爲府參軍，典箋奏。綯當國。商隱歸，窮自解。綯憾不置。弘正鎮徐州，表爲掌書記。久之，還朝。復干綯，乃補太學博士。柳仲舒節度劍南東川，辟判官，檢校工部員外郎。府罷，客滎陽卒。商隱一生依人作嫁，幕僚以終，從未獨當一面。令狐楚是最初賞識提拔他的人。楚本工奏章，因受其學。商隱初爲文瑰邁奇古，自是文風轉變，而儷偶長短繁縟則過之，因而其詩亦多綺麗。時溫庭筠、段成式俱用是相誇，號三十六體。商隱有《樊南甲集》二十卷、乙集二十卷，《玉溪生詩》三卷。

商隱最爲人津津樂道的詩是七律〈錦瑟〉。而且有不少文人雅士強作解人，甚至以權威自居。其實像〈錦瑟〉這類的抒情詩是最難解的。除了作者自己知道何所指也，別人是很難猜透的，除非是他的心腹之交，無話不談，否則作者心中那點秘密誰能猜透？何況是千年以下的我們現代人！不必說是詩，連小說《紅樓夢》，不少紅學家也者還在瞎子摸象，連曹雪芹的文學思想都搞不清楚，因此他們便在考據上兜圈子，兜來兜去，愈兜愈迷糊。老實說，不通佛道兩家思想，不諳星命之學，不擅小說創作，是很難真正搞通《紅樓夢》的。李商隱是純粹的詩人，而且是最善於抒情的詩人。抒情詩，尤其是〈無題〉詩，作者故意罩上層層面紗，讓讀者去捉迷藏。李商隱的〈錦瑟〉和不少〈無題〉詩就是這種罩上了層層面紗的作品，使讀者直覺地感受到一種霧裡看花般的「朦朧美」。但這種「朦朧美」，絕不是現代的「朦朧詩」，現代「朦朧詩」令人如墮五里霧中，暈頭轉向，毫無文學美感。而李商隱的詩則是薄霧中看花，愈看愈美。或者像蘇東坡看我故鄉的廬山一樣：「橫看成嶺側成峰」。看李商隱的〈錦瑟〉和〈無題〉詩也有蘇東坡看廬山的感覺。但不論從那個角度看，都不失其美。這是最重要的一點，也就是文學的魅力，古典詩的魅力。強作解人則大可不必，用西方的物質觀念，哲學思維，來詮釋李商隱的詩，則無異佛頭著糞也。且看李商隱的〈錦瑟〉和〈無題〉詩：

錦瑟

錦瑟無端五十絃，一絃一柱思華年。
莊生曉夢迷蝴蝶，望帝春心託杜鵑；
滄海月明珠有淚，藍田日暖玉生煙。
此情可待成追憶，只是當時已惘然。

無題

昨夜星辰昨夜風，畫樓西畔桂堂東。
身無彩鳳雙飛翼，心有靈犀一點通；
隔座送鉤春酒暖，分曹射覆蠟燈紅。
嗟余聽鼓應官去，走馬蘭臺類斷蓬。

來是空言去絕蹤，月斜樓上五更鐘。
夢為遠別啼難喚，書被催成墨未濃；
蠟燭半籠金翡翠，麝熏微度繡芙蓉。

劉郎已恨蓬山遠，更隔蓬山一萬重。

相見時難別亦難，東風無力百花殘。
春蠶到死絲方盡，蠟炬成灰淚始乾；
曉鏡但愁雲鬢改，夜吟應覺月光寒。
蓬山此去無多路，青鳥殷勤為探看。

鳳尾香羅薄幾重？碧文圓頂夜深縫。
扇裁月白羞難掩，車走雷聲語未通；
曾是寂寥金燼暗，斷無消息石榴紅。
斑騅只繫垂楊柳，何處西南任好風？

垂帷深下莫愁堂，臥後清宵細細長。
神女生涯原是夢，小姑居處本無郎；
風波不信菱枝弱，月露誰教桂葉香？
直道相思了無益，未妨惆悵是清狂。

李商隱的這些詩，幾乎每一首都有佳句為後人引用。如「此情可待成追憶，只是當時已惘然」，「身無彩鳳雙飛翼，心有靈犀一點通」，「春蠶到死絲方盡，蠟炬成灰淚始乾」，「神女生涯原是夢，小姑居處本無郎」等等……。他的詩除了偏重抒情外，而這些詩可以說都是用暗示的象徵手法寫的情詩。現代派的詩人是學法國的象徵派詩人波特萊爾（Chaeles Baudelaire,1821-1867）和魏侖（Paul Verlaire,1844-1896）挾洋自重。而這兩位法國象徵派詩人則晚生於李商隱八、九百年。我們的現代派詩人學到的是晦澀，毫無李商隱的意在言外，韻味無窮的朦朧美感。如果他們多讀些李商隱的詩，便不至於造成自己的嘔吐和新詩的混亂。這就是捧著金飯碗討飯，取法乎下的實例。

李商隱也有很多寫實的作品，這種作品便不是霧裡看花，而予人一種明朗的感覺。如：

夜雨寄北

君問歸期未有期，巴山夜雨漲秋池。
何當共剪西窗燭，卻話巴山夜雨時。

杜工部蜀中離席

人生何處不離群？世路干戈惜暫分。
雪嶺未歸天外使，松州猶駐殿前軍；
座中醉客延醒客，江上晴空雜雨雲。
美酒成都堪送老，當壚仍是卓文君。

隋宮

紫泉宮殿鎖煙霞，欲取蕪城作帝家。
玉璽不緣歸日角，錦帆應是到天涯；
于今腐草無螢火，終古垂楊有暮鴉。
地下若逢陳後主，豈宜重問後庭花。

詠史

歷覽前賢國與家，成由勤儉破由奢。
何須琥珀方為枕，豈得珍珠始是車？
途去不逢青海馬，力窮難拔蜀山蛇。
幾人曾預南薰曲，終古蒼梧哭翠華。

看了李商隱用暗示的象徵手法寫的富有朦朧美的情詩，再看看他揭去了面紗，用寫實手法寫的詠史感懷之類明朗感的作品，就可以看出大詩人是能者無所不能的，但他給我們的是詩的美感，不是嘔吐。所以不論是富有朦朧美的抒情詩也好，或是以寫實手法寫的詠史感懷之類的明朗感的「言志」詩也好，李商隱還是李商隱，正如他寫〈杜工部蜀中離席〉那首詩的最後兩句所說：

「美酒成都堪送老，當壚仍是卓文君。」

丁丑（一九九七）五月十六日紅塵寄廬

民間詩人杜荀鶴

唐末重要詩人司空圖、杜荀鶴，都受朱全忠重視。但他們兩人的修養、思想境界大不相同。司空圖早貴，曾任禮部郎中、僖宗行在用爲知制誥、中書舍人。從此歸隱中條山王官谷。龍紀、乾寧間，以戶部、兵部侍郎徵召，皆不起。遷洛後又被召入朝，司空圖以野耄丐歸。朱全忠受禪，召爲禮部尙書，不食而卒。可見其風骨之高。

杜荀鶴不然。杜早年貧困。大順二年，雖以第一人擢第，但未得志。宣州田頵遣至汴通好，始時來運轉，他乘機以一首〈梁王坐上賦無雲雨〉七絕，而受朱全忠賞識拔擢，乃飛黃騰達。那首七絕的阿諛功夫的確很高，真中朱全忠下懷。詩如下：

同是乾坤事不同，雨絲飛灑日輪中。
若教陰朗長相似，爭表梁王造化功？

其實「無雲雨」不是朱全忠的「造化」之功，而是大自然的偶爾異象。我幼年即見過一邊彩虹懸空，一邊下著毛毛雨。如果說是造化，這也是宇宙自然的萬能力量所造成，決非朱全忠的個人力量。朱全忠如果是如來、上帝，方具有這種力量，要不然他就是三界以內的大阿修羅的化身，才有這種神通。不過杜荀鶴不失爲一個聰明人，他「轉化」得恰到好處，所以他以此詩取得富貴，但比起竊鉤竊國者尚勝一籌。他在朱全忠授予翰林學士、主客員外郎、知制誥後，又恃勢侮易縉紳，眾怒，欲殺之而未及，天佑初卒。有詩三二五首，兩殘句。

杜荀鶴，字彥之，池州人，自號九華山人。但在思想境界、人生修養方面，與佛道雙修的司空圖相去甚遠。司空圖兩次徵召不起，一次以野耄丐歸，第四次朱全忠以禮部尚書徵召，他絕食而卒。此與杜荀鶴以詩求官何啻天壤。但杜荀鶴因早年貧困，深知民間疾苦，爲民喉舌，在這方面他不亞於老杜。他的七律〈山中寡婦〉（一作〈時世行〉），我曾在第四屆中韓作家會議論文，拙作〈古典與現代〉中引用，並在課室中多次講解。他寫當時老百姓的貧苦、政府的橫征暴斂，千年以下猶令我們感同身受。且看：

夫因兵亂守蓬茅，麻苧衣衫鬢髮焦。
桑柘廢來猶納稅，田園荒後尚徵苗；
時挑野菜和根煮，旋斫生柴帶葉燒。
任是深山最深處，也應無計避征徭。

除了這首七律之外，另一首〈亂後逢村叟〉是寫實之作：

經亂衰翁居破村，村中何事不傷魂？
因供寨外無桑柘，為點鄉兵絕子孫；
還似平寧徵賦稅，未嘗州縣略安存。
至於雞犬皆星散，日落前山獨倚門。

第四句詩使我想起三十年前軍中有兩句順口溜：「×××挖了我的祖墳，×××絕了我的子孫。」杜荀鶴這首寫實之作，使我們看到了唐末社會真相，可作史詩看。他前一首〈山中寡婦〉，也是難得的史詩。他還有兩首七絕也可以看出他的同情心與正義感，這是任何大詩人大作家不可或缺的文學良心，所以我對杜荀鶴既同情又肯定。

蠶婦

粉色全無飢色加，豈知人世有榮華？
年年道我蠶辛苦，底事渾身著苧麻？

再經胡城縣

去歲曾經此縣城，縣民無口不寃聲。
今來縣宰加朱紱，便是生靈血染成！

後兩句寫得多麼深刻、沉痛！

杜荀鶴的這些詩，都不事雕琢，直抒心聲，做了老百姓的「代言人」，可以說他是一位「民間詩人」，絕非「宮廷詩人」、或是今天的所謂「學院派詩人」，更非「現代派詩人」，也不是「買辦詩人」。這類詩人多半是說夢話、發囈語，或作外人的傳聲筒。與下層社會的同胞生活、思想毫不相關。杜荀鶴雖然爲了擺脫貧困，而阿諛朱全忠，但仍不失詩人的赤子之心，文學的道德、良心。

杜荀鶴的好詩還不少，如〈送友遊吳越〉、〈送人遊江南〉、〈秋宿臨江驛〉、〈送僧赴黃小湯泉兼參禪宗長老〉、〈亂後書事寄同志〉、〈下第投所知〉、〈別四明鍾尙書〉、〈旅寓〉、〈維揚冬末寄幕二從事〉、〈自江西歸九華〉、〈感寓〉、〈釣叟〉、〈哭陳陶〉、〈秋江雨夜逢詩友〉、〈感春〉、〈秋夕病中〉等是。另再引一首七絕〈小松〉：

自小刺頭深草裡，而今漸覺出蓬蒿。

時人不識凌雲木，直待凌雲始道高。

這首詩當是在他遇到朱全忠之後，青雲得路，一身朱紫時寫的。他看盡世態炎涼、人情冷暖，有感而寫下這首詩，亦是人之常情，如與他〈離家〉那首七絕對照來看，應予同情，何忍苛責？他的〈離家〉詩如下：

丈夫三十身如此，疲馬離鄉懶著鞭。
槐柳路長愁殺我，一枝蟬到一枝蟬。

杜荀鶴未遇朱全忠時，多不得意，從以下兩首七律更可以概見。

下第東歸道中作

一迴落第一寧親，多是途中過卻春。
心火不銷雙鬢雪，眼泉難濯滿衣塵；
苦吟風月唯添病，遍識公卿未免貧。
馬壯金多有官者，榮歸卻笑讀書人。

秋日湖外書事

十五年來筆硯功，祇今猶在苦貧中。
三秋客路湖光外，萬里鄉關楚邑東；
鳥逕杖藜山翳雨，猿林攲枕樹搖風。
朱門處處若相似，此命到頭通不通？

中國歷代的讀書人唯一的出路是求官，杜荀鶴亦復如此。最後幸而得願。今天的博士、碩士也者，又何嘗不如此？但尙未見一人寫出杜荀鶴這種詩來，人品又何高於杜荀鶴？

唐朝詩人中有三杜，即老杜（杜甫）、小杜（杜牧）、還有一杜，即杜荀鶴。此三杜各有特色。老杜念念不忘君國，茅屋爲秋風所破；小杜詩酒流連，率性而爲；杜荀鶴深知民間疾苦、世態炎涼，自己亦恃勢侮易縉紳。三位詩如其人，其人如詩。

丁丑（一九九七）六月二十八日紅塵寄廬

率性而為杜牧之

白居易是唐朝詩人中的劃時代人物，也是一個分水嶺，他以前有王維、李白、杜甫這些開創性的大詩人，集近體詩的大成，似乎難以爲繼了。但幾十年後，白居易卻一柱擎天，繼往開來，他的作品在數量上超過李、杜兩人的總和，多達二八三七首，李、杜共二五八三首，比白居易還少二五四首。白詩占全唐詩近十七分之一。這種巨大的創作量是不可忽視的。但白居易非僅以量勝，質亦與王維、李白、杜甫等難分軒輊。他的詩還有一大特色，正如宣宗所說：「童子解吟長恨曲，胡兒能唱琵琶篇。」他作到了深入淺出、雅俗共賞的地步。絕非我們當代的某現代詩人所宣稱的詩人是站在高高的山上，讀者是站在山下的。意指讀者與詩人的落差太大了，所以看不懂他們的大作。像這種狂妄自大、毫無反省能力的現代詩人還不少，加之又占有媒體的優勢，形成一犬吠日，百犬吠聲的歪風，所以新詩的發展受了很大的影響。白居易不然，他不狂妄，他的心理非常正常，而且樂天知命，真情自然流露，一點也不矯揉造作，是一位平易近人的大詩人。所以他的作品與讀者沒有距離。千年以後的我們，讀他的詩也沒有半點隔閡。由於他的輝煌成就，也影響了不少後輩詩人，延伸了唐代詩運。所以才有杜牧、李商隱、溫庭筠、杜荀鶴、韋莊這些詩人的奇峰突起。

杜牧，字牧之，京兆萬年人。太和二年，擢進士第、復舉賢良方正。沈傳師表爲江西團練府巡官。又爲牛僧孺淮南節度府掌書記。擢監察御史。移疾，分司東都，以弟顗病，棄官。復爲宜州團練判官，拜殿中侍御史、內供奉。累遷左補闕、史館修撰。改膳部員外郎。歷黃、池、睦三州刺史。入爲司勳員外郎。常兼史職。改吏部，復乞爲湖州刺史。踰年，拜考功郎。知制誥。遷中書舍人卒。

從杜牧的經歷看來，他官不算高，爵亦不顯，他獨當一面的工作只是州刺史，相當於清朝知府，民國行政督督專員，卒時不過中書舍人。唐時中書舍人相當於今日行政院或國務院、總統府的主任秘書、機要秘書。工作是起草文告、法令、規章。

杜牧能以弟病而棄官，可見他是一位篤於手足之情，而不是一位官迷心竅的人。加之他個性「剛直有奇節，不爲齷齪小謹，敢論列大事，指陳病利尤切！」這種性格的詩人、文人，是很難一帆風順，位極人臣的。未遭貶官和殺身之禍，已屬萬幸。因爲他的性格如此，所以詩風豪邁。人稱小杜者，應是以年齡而論，他的性格則和老杜大不相同，作品數量雖沒有杜甫多，但作品的感性和衝擊力絕不在杜甫之下。才情則比杜甫高，可以和李白相頡頏，他是全唐詩人的絕句高手，無論寫情、寫景、詠史、寫人，無一不妙。其造詞取韻，真如行雲流水，酣暢淋漓。李白的詩不能學，杜牧的詩也不好學，如才情不足，豪邁不如，則畫虎不成反類犬矣。

杜牧是一位完全入世，在紅塵中打滾的詩人，與王維、李白、白居易等游於佛道之間的思想境界不同，與杜甫的念念不忘君國的情懷也不一樣。他有他自己的世界，雖未昇華，也不執著，率性寫詩，表現人性，而非佛性，更非獸性。他的作品是真正的「人的文學」。在唐朝，乃至歷代中國詩中獨樹一幟。他雖只有詩五百二十五首，但好詩最多，不論絕、律，均不同凡響。如：

獨酌

窗外正風雪，擁爐開酒缸。
何如釣船雨？蓬底睡秋江。

這首詩前兩句寫得多率性自然？後兩句聯想、反射又多麼迅速？多麼富有詩意？「釣船雨」、「蓬底」睡「秋江」真是美極了！雅極了！現代人缺少這種詩生活的體驗，我這一代人則餘味猶存。尤其是我這種年齡，自小生活在長江邊鄱陽湖畔的人，這種詩生活經驗是太多了，但杜牧在千年前就寫了出來。這種文化生活的傳承現在是斷絕了，電動玩具、卡拉OK這類美國充滿噪音的流行文化，怎麼不使人性衝動、墮落？怎麼不使社會動亂不安？怎麼不使人性更接近獸性？提倡公車詩、心靈改革者，應該好好地讀讀這種詩，先提升自己、改革自己。即使是一樣的酒，美國牛仔的牛飲，和中國詩人的淺斟低酌，其文化水準相差就不可以道里計。我們爲什麼要降格去學？從文明走向野蠻？

江南春

千里鶯啼綠映紅，水村山郭酒旗風。
南朝四百八十寺，多少樓臺煙雨中？

杜牧當過黃州、湖州刺史，有江南生活體驗，這首〈江南春〉，真是詩中有畫。第一句「千里鶯啼綠映紅」，不但氣魄大，而且多彩多姿，每一個字都用得恰到好處。這七個字就將江南的春天寫活了！也寫絕了！簡直使別人再也難以下筆。第二句「水村山郭酒旗風」，又是第一句大風景的小點綴，三、四句的「南朝四百八十寺」和「多少樓臺」都在煙雨濛濛中，那種朦朧美、含蓄美，是只可以意會，不可以言傳的。這就是中國絕律詩的絕妙手段。

泊秦淮

煙籠寒水月籠沙，夜泊秦淮近酒家。

商女不知亡國恨，隔江猶唱後庭花。

這是一首寫南京夫子廟邊秦淮河的詩，這首詩很多人都能背，這也是千家詩中的名詩，我幼年時雖不深解其意，但琅琅上口，自覺比唱山歌有味多了。抗戰勝利後在南京工作時，體會很深，今日讀到後兩句，亦有小杜的感慨。

寄揚州韓綽判官

青山隱隱水迢迢，秋盡江南草木凋。
二十四橋明月夜，玉人何處教吹簫？

贈別

多情卻似總無情，唯覺尊前笑不成。
蠟燭有心還惜別，替人垂淚到天明。

遣懷

落魄江湖載酒行，楚腰纖細掌中輕。

十年一覺揚州夢，贏得青樓薄倖名。

歎花

自恨尋芳到已遲，往年曾見未開時。
如今風擺花狼籍，綠葉成蔭子滿枝。

山行

遠上寒山石徑斜，白雲生處有人家。
停車坐愛楓林晚，霜葉紅於二月花。

秋夕

銀燭秋光冷畫屏，輕羅小扇撲流螢。
天階夜色涼如水，臥看牽牛織女星。

金谷園

繁華事散逐風塵，流水無情草自春。

日暮東風怨啼鳥，落花猶似墜樓人。

從以上這些七絕中，可以看出杜牧才情之高，豪邁風雅，率性而寫，吐屬自然，信手拈來，都是絕妙好詩。他的詩完全是人性的自然流露，他呈現在我們面前的是不受禮教拘束、固有文化傳承、人性沒有扭曲的天才型詩人的作品。千年以來，還沒看見第二位這樣的詩人。

他的七絕好，七律亦好，如〈題宣州開元寺水閣閣下宛溪夾溪居人〉、〈自宣城赴官上京〉、〈宣州送裴坦判官往舒州時牧欲赴官歸京〉、〈登池州九峰樓寄張祜〉、〈九日齊安登高〉……都是好詩。

今天自命爲天才浪漫的詩人，應該多看看杜牧的詩，學學怎樣風流而不下流？不止是語言文字的下流。

丁丑（一九九七）五月四日文藝節於紅塵寄廬

疏曠高才—韋莊

唐末有兩位傑出的詩人，一是杜荀鶴，另一位是韋莊。杜荀鶴依梁王朱全忠，韋莊依蜀王王建，兩人時代背景相同，都飽經戰亂，生活經驗豐富。但作品風格完全不同。杜荀鶴詩近老杜，韋莊詩近小杜。杜荀鶴有詩三二五首，兩殘句。韋莊有詩三一六首，三殘句，兩人作品數量相捋。

韋莊字端己，杜陵人。疏曠不拘小節。乾寧元年進士。授校書郎，轉補闕。李詢爲兩川宣諭和協使，辟爲判官。以中原多故，潛欲依王建，建辟爲掌書記。尋召爲起居舍人，建表留之。後相建爲平章事。

韋莊詩才高，好詩多，絕律均佳。如：

臺城

江雨霏霏江草齊，六朝如夢鳥空啼。
無情最是臺城柳，依舊煙籠十里堤。

送人歸上國

送君江上日西斜，泣向江邊滿樹花。
若見青雲舊相識，為言流落在天涯。

語松竹

庭前芳草綠如袍，堂上詩人欲二毛。
多病不禁秋寂寞，雨松風竹莫騷騷。

衢州江上別李秀才

千山紅樹萬山雲，把酒相看日又曛。
一曲離歌兩行淚，更知何地再逢君？

以上所引四首七絕，可見韋莊詩才無礙。第一首〈臺城〉，知者甚多，我幼年即背得滾瓜爛熟。其他三首雖好，能背者恐怕甚少。而〈語松竹〉一首，更可能爲人忽略。看似平淡，其實是一首好詩，尤其是第四句「雨松風竹莫騷騷」，用字極妙，「騷騷」兩字妙趣橫生，上加一「莫」字，更富情趣，真是妙手天成。

韋莊的抒情詩如此，他既飽經戰亂，難道無動於衷？難道也像今之「現代派」詩人一般逃避現實？我們不妨看看他下面幾首作品。

壺關道中作

處處兵戈路不通，卻從山北去江東。
黃昏欲到壺關寨，匹馬寒嘶野草中。

贈姬人

莫恨紅裙破，休嫌白屋低。
請看京與洛，誰在舊香閨？

洛陽吟

萬户千門夕照邊，開元時節舊風煙。
宮官試馬遊三市，舜女乘舟上九天；
胡騎北來空進主，漢皇西去竟昇仙。
如今父老偏垂淚，不見承平四十年。

重圍中逢蕭校書

相逢恨此地，此地是何鄉？
側目不成語，撫心空自傷；
劍高無度鳥，樹暗有兵藏。
底事征西將，年年戌洛陽？

以上五首絕律，首首都與戰亂有關，首首都有歷歷背景。但是韋莊的創作技巧很高，他並不橫眉怒目，呼天搶地，而不露機鋒，自有深意。如〈贈姬人〉五絕，如話家常，情理俱到，哄慰兼而有之。後兩句自然透露出長安與洛陽的大動亂。當時長安、洛陽是全國神經中樞，政權重心，長安、洛陽的婦女都逃難，豈非天下大亂？但韋莊只以十個字就道出改朝換代，天翻地覆的大動亂了。這首五絕我個人不但感同身受，而且感受更深，在八年抗日戰爭期間，我看過無數婦人女子哭哭啼啼，父母丈夫含淚勸慰，其情其景如在目前。我在大長篇小說《紅塵》中有更多的描寫。韋莊的另一首五律〈重圍中逢蕭校書〉也是戰亂中的寫實之作。

校書在唐朝仍是官名，屬秘書省。但成都樂妓薛濤，韋南康（皋）寵之，贈詩云：

萬里橋邊女校書，枇杷花下閉門居。
掃眉才子知多少？管領春風總不如。

從這首詩看，樂妓亦稱校書，而韋莊詩題「蕭校書」，前四句語氣似亦爲女校書而在戰亂中相遇者。五、六兩句「劍高無度鳥，樹暗有兵藏。」更寫出「草木皆兵」。如果不是親身經歷，很難寫出這種「危機四伏」的句子。七、八兩句「底事征西將，年年戍洛陽？」更刻畫出當時重兵駐守東都的情況，但他不直接說明，爲何「年年戍洛陽」？而用反問的語氣，更給讀者留下反思的空間，這就是文學的藝術，作者的匠心。

韋莊「疏曠不拘小節」，可見是一位灑脫的詩人，但又不像杜牧放蕩。但他和杜牧一樣，好作品很多，而又絕律俱佳。如〈送日本國僧敬龍歸〉、〈對酒〉、〈古別離〉、〈關河道中〉、〈憶昔〉、〈題盤豆驛水館後軒〉、〈登咸陽縣樓望雨〉、〈立春日作〉、〈夜景〉、〈過揚州〉、〈遣興〉、〈江上逢故人〉、〈聞春鳥〉、〈櫻桃樹〉、〈獨鶴〉、〈江邊吟〉、〈江南送李明府入關〉、〈春雲〉、〈謁巫山廟〉、〈章江作〉、〈湖中作〉、〈桐廬縣作〉、〈婺州水館重陽日作〉、〈梅州江口中作〉、〈投寄舊知〉、〈庭前桃〉、〈過樊川舊居〉、〈長安舊里〉、〈長干塘別徐茂才〉、〈白牡丹〉、〈題酒家〉、〈悼亡姬〉、〈獨吟〉、〈悔恨〉、〈虎跡〉、〈咸陽懷古〉、〈和同年韋學士華下途中見寄〉、〈

春愁〉、〈傷灼灼〉、〈江上別李秀才〉……都是好詩，不一一引錄。

韋莊生於唐末亂世，沒有享受盛唐的風光，卻飽經戰亂之苦，他除了以不少詩吐露心聲外，也以〈立春日作〉這首七絕表示對楊貴妃的同情，其實是對李氏末代王朝的不滿：

九重天子去蒙塵，御柳無情依舊春。
今日不關妾妃事，始知辜負馬嵬人！

歷史是一面鏡子，文學作品更是照妖鏡，可惜今天有文學道德、良心與透視能力的詩人、作家太少，太少！

丁丑（一九九七）六月二十九日於紅塵寄廬

帝后嬪妃不一般

中國歷代帝王能詩者不少。而開國之君的文治武功如唐太宗者則如鳳毛麟角。唐太宗之所以能創貞觀之治，與他本身是詩人大有關系。他初建秦邸即開文學館，召名儒十八人爲學士。即位後，殿左置弘文館，引內學士，輪番更休。聽朝間則與討論典籍，雜以文詠，日昃夜艾，未嘗少怠。開國之初，又以聲律取士，英才俊彥，均習六義，以爲進身之階。帝后嬪妃，僧道閨秀，亦多唱和，蔚爲一代之風。唐朝三百年風雅，以詩名世，太宗實開其端。

唐太宗有詩九十九首，另三首僅存兩句。

太宗詩多五言，又多用去入聲韻。似與他開闊的胸襟不太合轍。而他的好詩仍以平上聲爲多。

初唐詩格律不嚴，尤以歌辭爲甚，有三言、四言、五言、七言、八言；有四行、八行、十行、十二行不等。太宗以五古、五絕、五律最多，七絕、七律甚少。五言詩多質樸，太宗詩亦如是，如與宣宗七言詩比較，在旋律、韻味方面顯然不一樣。且看太宗的佳作：

詠燭

燄聽風來動，花開不待春。
鎮下千行淚，非是為思人。

賦得臨池柳

岸曲絲陰聚，波移帶影疏。
還將眉裡翠，來就鏡中舒。

秋日

菊散金風起，荷疏玉露圓。
將秋數行雁，離夏幾林蟬；
雲凝愁半嶺，霞碎纈高天。
還似成都望，直見峨眉前。

首春

寒隨窮律變，春逐鳥聲開。
初風飄帶柳，晚雪間花梅；

碧林青舊竹，絲沼翠新苔。
芝田初雁去，綺樹巧鶯來。

唐朝的近體詩，至杜甫始發展到最高峰，尤其是律詩，格律嚴謹之至。太宗能寫這樣的五言絕律，已經太難得了。他的子孫高宗、中宗、睿宗，人人能詩，但未能超過太宗。明皇不但詩多，他的〈經鄒魯祭孔子而歎之〉也是讀者極爲熟知的一首五律：

夫子何為者？栖栖一代中。
地猶鄹氏邑，宅即魯王宮；
歎鳳嗟身否，傷麟怨道窮。
今看兩楹殿，當與夢時同。

明皇的另一首〈題梅妃畫真〉，倒使我們從這第一首資料中，瞭解梅妃的高貴氣質和神韻了！像她這樣一位不化粧，不煙視媚行的嬪妃，實在放錯了位置，她怎會與楊貴妃那樣的角色勾心鬥角爭寵？她的失敗，從明皇這首七絕中就可以判定了。當今北京程派青衣李世濟女士所飾演的梅妃，也詮飾得恰到好處。像明皇這樣一位才華蓋世的皇帝，也色令智昏，辜負了梅妃這樣一位氣質高雅的女性，難免令人不平。幸而他留下了下面這首詩：

憶昔嬌妃在紫宸，鉛華不御得天真。
霜綃雖似當時態，爭奈嬌波不顧人！

明皇以後的肅宗、德宗、文宗，都有詩作，但是直到宣宗這位「恭儉好善、虛襟聽納。大中之政，有貞觀風。每曲宴，與學士唱和，公卿出鎮，多賦詩餞行……」，如此明君，所以他的詩也不同凡響。可惜我們只看到他六首詩，但事實上應不止六首，這六首詩首首都好，尤其是他〈弔白居易〉那首七律，我曾多次引用，現在我另引他七絕二首，七律一首：

瀑布聯句

千巖萬壑不辭勞，遠看方知出處高。（黃檗禪師）
溪澗豈能留得住？終歸大海作波濤。（宣宗）

前兩句據《佛祖統紀》云：時宣宗在廬山，與香嚴禪師詠。但下兩句爲宣宗之作無疑，此兩句即不同凡響，也是帝王吐屬。宣宗愛與方外交遊，因此文學境界亦高。

題涇縣水西寺

大殿連雲接爽溪，鐘聲還與鼓聲齊。
長安若問江南事，說道風光在水西。

百丈山

大雄真跡枕危巒，凡宇層樓聳萬般。
日月每從肩上過，山河長在掌中看；
仙峰不間三春秀，靈境何時六月寒？
更有上方人罕到，暮鐘朝磬碧雲端。

此詩頷聯「日月每從肩上過，山河長在掌中看；」不但對仗工穩之至，更是帝王口氣。而全詩的珠圓玉潤，意境之高也是很多大詩人所不及的。

唐朝后妃公主能詩的亦不在少數，但以武則天的四十六首最多，其中的三言、四言、五言、六言、七言、八言的官樣詩少有可看的，抒情、寫景、詠懷詩，值得一讀。如〈從駕幸少林寺〉、〈石淙〉、〈早春夜宴〉、〈遊九龍潭〉、〈贈胡天師〉等都不錯。而〈臘日宣詔幸上苑〉五絕，則完全是統治者的口氣，對大自然亦頤指氣使。或謂武則天詩文皆元萬頃、崔融等爲之，但捉刀人那有武則天如此盛氣？正如毛潤之的〈沁園春〉，和者雖多，但徒暴其短。原因何在？氣勢不如也。且看武則天的這首詩：

明朝遊上苑，火急報春知。
花須連夜發，莫待曉風吹。

而她另一首〈如意娘〉七絕，樂苑則謂爲則天所作，因爲這是一首情詩。原來她的面首男寵有薛懷義、沈懷璆、張昌宗、張易之、薛敖曹等。她得到薛敖曹又是在古稀之年，爲了這位面首還改元「如意」。且看這首〈如意娘〉名爲〈商調曲〉的詩：

看朱成碧思紛紛，憔悴支離為憶君。
不幸比來長下淚，開箱驗取石榴裙。

從這首詩可以看出武則天女性的真面目。這也是捉刀人不可取代的。

武則天初爲太宗才人，工權謀。太宗還有另一才人徐惠，湖州長城人。五月能言，四歲通論語詩，八歲自曉屬文，辭致瞻蔚，又無淹思。太宗召爲才人，再遷充容，常上疏論時政，帝善其言，優賜之。永徽元年，贈賢妃。有詩五首。而以〈賦得北方有佳人〉、〈進太宗〉兩首最佳。

賦得北方有家人

由來稱獨立，本自號傾城。
柳葉眉間發，桃花臉上生；
腕搖金釧響，步轉玉環鳴。
纖腰宜寶襪，紅衫艷織成。
懸知一顧重，別覺舞腰輕。

徐賢妃筆下的佳人，是柳葉眉、桃花臉；手帶金釧，腳佩玉環，走起路來金聲玉振；細腰紅衫，舞起來身輕如燕。這首詩寫得十分生動具體。

另一首〈進太宗〉，更可見其性格莊重、矜持。長安崇聖寺有賢妃妝殿，太宗曾召妃，久不至，怒之。因進是詩。

朝來臨鏡臺，妝罷暫裴回。
千金始一笑，一召詎能來？

寫這種「忤逆」的詩還得有幾分膽量。幸好太宗自己是詩人，又是明君。否則難免不測之禍。

上官婉兒，西臺侍郎儀之孫。天后時配入掖庭。性韶警、喜文章。年十四，后召見。自通天以來，內掌詔命。中宗即位，大被信任，進拜昭容。勸帝修大書館，增學士員，引大臣名儒充選。數賜宴，賦詩。婉兒常代帝后及長寧安樂二主。眾篇並作，詞旨益新，又差第群臣所賦，賜金爵，故朝廷蔚然成風。臨淄王兵起，被誅。有集二十卷，失傳。存詩三十二首。

上官婉兒雖是才女，但身爲昭容，常爲帝后公主代筆。自己雖有所作，多屬應酬。如〈遊長寧公主流杯池〉二十五首，全是應景作品，難見性情。較佳者如：

泉石多仙趣，崖壑寫奇形。
欲知堪悅耳，唯聽水泠泠。

橫鋪豹皮褥，側帶鹿胎巾。

借問何為者，山中有逸人。

如此才女，無性靈之作，十分可惜！詩人、作家，一爲御用，休矣！

楊貴妃是歷史上的名女人，唐明皇的寵妃。蒲州永樂人。丐籍女官。號太真。善歌舞，曉音律。智算警穎，恩幸無比。天寶初，進冊貴妃。十五載。西幸至馬嵬，縊路祠下。存詩一首。題爲〈張雲容舞〉。她本人即善舞，侍兒張雲容亦善舞。妃從幸繡嶺宮時，贈此詩。

羅袖動香香不已，紅蕖褭褭秋煙裡。
輕雲嶺上乍搖風，嫩柳池邊初拂水。

這確是一首好詩。既有此詩，則其作品應不止此一首。如能多留幾首好詩，後人對其觀感必大不相同。而我讀此一首，即另眼相看也。

江妃采蘋，莆田人。開元初，高力士選歸。侍明皇，大見寵幸。善屬文，自比謝女。所居悉植梅花，帝因其所好，戲名梅妃。不幸不敵楊貴妃而失寵，從唐明皇〈題梅妃畫真〉那首詩中，可見其性情。從她僅存的這首〈謝賜珍珠〉詩中，更見其心情。原明皇在花萼樓，封珍珠一斛，密賜妃，妃不受，以詩謝之。詩如后：

桂葉雙眉久不描，殘妝和淚污紅綃。
長門盡日無梳洗，何必珍珠慰寂寥？

情場如戰場。梅妃是性情中人，只合住山邊水湄，花榭梅林，怎能住佳麗三千、千驕百媚、勾心鬥爭的後宮？怪只怪太監高力士，煮鶴焚琴，造成此一悲劇。而章懷太子的遇害，較之梅妃的不幸，更有過之。顯見宮廷政治迫害更爲殘酷。

章懷太子是高宗第六子，名賢，字明允。容止端重。甫數歲，讀書一覽不忘。上元二年，立爲皇太子。嘗詔集諸儒張大安等注《後漢書》。武后以明崇儼爲盜所殺，疑出太子之謀，誣構而廢之。后得政，遂遇害。存〈黃臺瓜辭〉一首。初，武后殺太子弘，立賢爲太子。後賢疑隙寖開，不能保全，無由敢言，乃作是辭，命樂工歌之，冀后聞而感悟。仍被害。詩如后：

種瓜黃臺下，瓜熟子離離。
一摘使瓜好，再摘使瓜稀。
三摘猶自可，摘絕抱蔓歸。

武則天的猜忌好殺，於此可見。專制政治之殘酷，六親不認，骨肉相殘，禍害千年。

宜芬公主本豆盧氏女，有才色。天寶四載，奚霫無主，安祿山請立其質子，而以公主配之。上遣中使護送，至虛池驛，悲愁作〈虛池驛題屏風〉詩：

出婉辭鄉國，由來此別難。
聖恩愁遠道，行路泣相看；
沙塞容顏盡，邊隅粉黛殘。
妾心何所斷？他日望長安。

女子不幸，淪爲政治祭品，此又一例也。宜芬公主故事知之者少。希望此詩亦能流傳。宮主尙且如此，唐室後宮佳麗，怨女更多。紅葉題詩傳爲佳話，其實是女性的悲劇。開元、天寶、德宗、宣宗、僖宗宮人，均有此類「韻事」。宮人詩好，又幸而爲人所得者，諒百不得一。

開元中，賜邊軍纊衣，製自宮人。有一士兵於袍中得詩，白於帥，帥上之朝，明皇以詩遍示六宮，一宮人自稱「萬死」。明皇憫之，以妻得詩者，並曰：「朕與爾結今生緣也。」

詩如后：

沙場征戍客，寒苦若為眠。
戰袍經手作，知落阿誰邊？
蓄意多添線，含情更著綿。
今生已過也，結取後生緣。

此一宮女無奈的心情，躍然紙上。雖然明皇將她「恩賜」邊防戰士爲妻，較長在深宮作怨女以終，稍勝一籌，但此戰士是何許人也？是禍是福？亦只有天知、地知，宮女不知也！此女若生在今日，不但可以自主婚配，亦必然是名女詩人也。專制帝王之爲害中國，爲害人類，不一而足，此其一端耳！凡是作帝王夢者，其心可誅！

綜觀李唐帝王詩，則以宣宗詩最佳。而南唐李昪、李璟、李煜祖孫三代，都是詩中高手，尤以李煜，雖爲亡國之君，其詩其詞，情真意切，在感性方面，獨領風騷。

南唐先主李昪的〈詠燈〉七絕，嗣主李璟的〈遊後湖賞蓮花〉、〈保大五年元日大雪……登樓賦〉都是好詩。而李璟的詩才遺傳李煜者尤多。李煜雖僅存詩十八首，但首首都好。這是古今所有詩人中都難得一見的。尤以悼娥皇的〈感懷〉七絕二首，與〈渡中江望石城泣下〉七律一首，最爲感人。引錄如后：

感懷

又見桐花發舊枝，一樓煙雨暮淒淒。
憑闌惆悵人誰會？不覺潸然淚眼低。
層城無復見嬌姿，佳節纏哀不自持。
空有當年舊煙月，芙蓉城上哭蛾眉。

渡中江望石城泣下

江南江北舊家鄉，三十年來夢一場。
吳苑宮闈今冷落，廣陵臺殿已荒涼；
雲籠遠岫愁千片，兩打歸舟淚萬行。
兄弟四人三百口，不堪閒坐細思量。

李煜是天生的詩人、詞人，但不是帝王的料。不幸生而爲帝王，才有此悲慘下場。詩詞是性情之作，政治是抹殺人格、滅絕人性的鬥爭。李煜詩詞的特點在「癡情」二字，甚至有些「癡迷」，因此感人至深。佛家忌貪、嗔、癡，犯其一者，不能解脫。李煜一生在男女感情中打滾，而不能自拔，遑論提升？其詩雖好，而境界不高。其死亦至慘，令人同情。

丁丑（一九九七）七月一日於紅塵寄廬

舉頭空羨榜中名

中國絕律詩由於格律嚴謹，無懈可擊，會者可任意揮灑，左右逢源，信手拈來，即成佳句，妙手天成。即以不識之無的禪宗六祖惠能而言，他請江州別駕張日用代他書在牆壁上的那首五絕菩提詩偈，除了思想境界極高之外，詩的本身也是無懈可擊。惠能原本一樵夫，一字不識，何曾學過詩？他只是聽了一個童子唱誦神秀那首菩提詩偈，而依樣唸出思想境界與神秀大異其趣的詩偈來。如果不是絕句格式韻律那麼簡潔完美，惠能也不可能唸出一字不差、韻律完全一樣，思想境界卻有天壤之別的五絕詩偈來。但「五四」新文學運動，引進西方詩以後，始作俑者大肆攻擊中國格律詩妨礙詩的創作自由，思想自由，不能自由揮灑。七、八十年來，新詩如野馬，是絕對自由了，尤其是現代派詩，不堪入目入耳的粗話、三字經都入詩了，但好詩在那裡？人人能背、津津樂道的詩在那裡？可是古典絕律好詩卻俯拾即是。甚至六、七歲童子，青樓女子，亦多佳作，但是今天的紅透半邊天，占據報紙副刊不少篇幅特大號的現代派，十分前衛的新詩人，卻一首也寫不出來。如其不信，我不妨引介一些。

唐朝開元時，繆氏有子七歲，以神童召試，賦〈新月〉詩一首如下：

初月如弓未上弦，分明掛在碧霄邊。
時人莫道蛾眉小，三五團圓照滿天。

這首詩一共二十八個字，精鍊之至，而且人人能懂。如果是以新詩的形式來寫，即使多用幾倍的文字，也寫不出這種七絕詩一般好的作品來。

不僅這位七歲男童寫出如此好詩，另一位海南七歲女童，武后召見，令賦〈送兄〉詩，她更以五絕應聲而就。詩如下：

別路雲初起，離亭葉正飛。
所嗟人異雁，不作一行歸。

這首五絕只有二十個字，這更是新詩「祭酒」們哭也哭不出來的。

我引上面兩首絕句的用意，是在說明「工欲善其事，必先利其器。」中國絕律詩的形式，是最好的「器」。新詩發展了七、八十年，盲目崇洋，大家捧著金飯碗討飯，作乞兒相，浪費了太多的寶貴時間，十分可惜。我敢預言，中國強盛之後，以全世界現有的十二、三億的中華子孫計算，勢不可當。不管是白人、黑人，一進入二十一世紀之後，不但會爭先恐後學華文華語，學文學的人更會爭先學中國絕律詩。不談政治，純就文學觀點而言，去年美國總統柯林頓，派副總統高爾赴北京緩和中美緊張關係，江澤民先生就引用了王安石〈登飛來峰〉的兩句詩對高爾說：

不為浮雲遮望眼，
自緣身在最高層！

這兩句詩引得多麼巧妙？多麼自然？而又顯示其高高在上的身分！同樣的情形，錢其琛先生在深圳主持香港特別行政區籌委會時，記者問他：

「英國方面對籌委會另選立法局議員不以爲然，您的看法如何？」

錢其琛先生以四兩撥千錢的腳法，將皮球踢回英方，而且隨即輕鬆地唸出一句詩來加以調侃：

「這真是『無可奈何花落去』，現在英方說三道四已經太遲了！」

由此更可見中國絕律詩之妙。問題是，看您會不會寫？會不會用？其所以高，所以妙，正是格律嚴謹所造成的，這正是一盤散沙的現代派新詩辦不到的。當初乃至現代的新詩人怪古典詩格律太嚴謹、韻太嚴、限制創作也者，實在是歪嘴吹喇叭。爲什麼自己不虛心學習、要趕時髦、抄近路呢？其實寫絕律詩一點不難，詩韻也足夠應用。不過我主持的「中華古典詩詞研究所」，爲了弘揚古典詩詞，已由副所長畫餅樓主完成了《詩詞通韻》，一旦出版，有利生手學習。

中國絕律詩優點太多，男女均宜。言志可也，抒情亦宜。尤其是女性，多愁善感，而絕律詩和詞又是女性最好的抒情寄意的工具，是人與人之間的思想感情橋樑。許多令人迴腸盪氣的詩詞，都出自女性之手。即使只有一首，亦足千秋。因此我必須先將唐代這方面的好詩發掘出來，隨後寫《全宋詩尋幽探微》時，也會格外留意發掘。

吳人王駕妻吳玉蘭，有〈寄夫〉詩一首云：

夫戍邊關妾在吳，西風吹妾妾憂夫。
一行書信千行淚，寒到君邊衣到無？

這首詩雖沒有新婚夫妻痛斷肝腸的激情，卻表達了另一種深沉的懷念和關切。

大曆時女子晁采，小字試鶯。少與鄰生文茂約爲伉儷，及長，文茂時寄詩通情，采以蓮子達意，墜一於盆，踰旬，開花並蒂，茂以報采，乘間歡合。母得其情，歎曰：「才子佳人，自應有此。」遂以采歸茂。蓮子墜於盆，踰旬而花開並蒂，似爲神話。唐人傳奇小說可讀者多，晁采、文茂故事不見於小說，而見於晁采小傳。晁采實爲一才女，有詩二十二首，均佳。其〈雨中憶夫〉七絕兩首，詩好，故事亦妙。緣采家蓄一白鶴，名素素。一日雨中，忽憶其夫。謂鶴曰：「昔王母青鸞，紹蘭紫燕，皆能寄書遠達，汝獨不能乎？」鶴延頸向采，若受命狀。采即援筆直書二絕，繫於鶴足，竟致其夫。如在三、四年前，我會將晁采故事改寫爲一篇短篇小說，（早年我曾將朱淑真《斷腸集》魏仲恭序文與清人陳樹基筆記《斷腸集循環憑月老》後段改寫爲一萬多字的短篇小說〈斷腸人〉，先在香港《今日世界》發表，後於民國六十一年十一月結集由「臺灣學生書局」出版，書名即爲《斷腸人》。）現在年紀大了，不寫短篇小說，而有一個包羅眾生相的長篇小說，等有關詩詞部份的寫作計畫完成後再動筆（註）。而晁采的詩不但是〈雨中寄夫〉兩首好，〈子夜歌〉十八首也好。

雨中寄夫

窗前細雨日啾啾，妾在閨中獨自愁。
何事玉郎久離別，忘憂總對豈忘憂。

春風送雨過窗東，忽憶良人在客中。
安得妾身今似雨，也隨風去與郎同。

子夜歌　錄二

儂既剪雲鬟，郎亦分絲髮。
覓向無人處，綰作同心結。

夜夜不成寐，擁被啼終夕。
郎不信儂時，但看枕上跡。

晁采真是才情似水，心細如髮。男性才情再高，也寫不出這種詩來。

晁采雖然有如許才情和這麼好的詩，但知者甚少。而崔鶯鶯則因為小說和戲劇的渲染，使她聲名歷千載而不衰。她的〈答張生〉詩「待月西廂下，迎風戶半開。拂牆花影動，疑是玉人來。」像我這種年齡的知識份子，幾乎人人能背。所謂「張生」，據考證乃元微之的假托。元微之與崔鶯鶯為姨表，白居易作〈微之母鄭夫人誌〉，亦可佐證。元微之的《鶯鶯傳》反使鶯鶯的芳名掩蓋了詩人元微之的詩人小說家的大名，亦有幸有不幸也。

如將鶯鶯的另一首〈寄詩〉（一作〈絕微之〉），與元微之的小說合看，更是若合符節。這是一首很好的七絕：

自從銷瘦減容光，萬轉千迴懶下牀。
不為旁人羞不起，為郎憔悴卻羞郎。

鶯鶯的哀怨，躍然紙上。但戲劇中的鶯鶯卻淪爲丫嬛紅娘的配角了。

崔鶯鶯與元微之的愛情悲劇是對等的。他們既是表親，又是公子小姐，並未釀成命案。而河南功曹武公業之妾步飛煙，因鄰生趙象以詩誘之，非煙答以詩，象因踰垣相從，事露，笞死。這卻是一個人命悲劇。非煙不幸而爲人妾，又多才情，生死由人，令人同情。步非煙如生於今日，必成媒體寵兒，聲名大噪，何至於死也。她只留下四首詩，都是寫給趙象的。尤以〈寄懷〉、〈答趙象〉兩首，更見其心聲。

寄懷

畫簷春燕須同宿，蘭浦雙鴛肯獨飛？
長恨桃源諸女伴，等閑花裡送郎歸。

答趙象

相思只恨難相見，相見還愁卻別君。
願得化為松上鶴，一雙飛去入行雲。

第二首最後兩句是她內心深處的願望，卻不幸斷送了一條性命，而且是活活打死，豈非煮鶴焚琴？

杜牧是一位「剛直有奇節，不爲齪齪小謹、敢論列大事、指陳病利尤切。」的詩人。他以弟病而棄官，可見篤於手足之情；又以御史分司東都身分，要尙書李愿割愛，這卻是一樁惡行。

尙書李愿有名妓崔紫雲，愿在東都，時會朝士。杜牧以御史分司，輕騎逕往。引滿三爵，問曰：「聞有紫雲者，孰是？」愿指示之。牧曰：「名不虛傳，宜以見惠。」復引滿高吟，旁若無人，愿遂以贈。

以上寥寥數語，又表現了杜牧率性而爲的惡行惡狀。

唐朝士大夫多有家妓，類多才貌雙全，能歌能舞，能詩能文。李愿貴爲尙書，崔紫雲自非凡品，杜牧當場帶走她時，她向李愿獻詩而別，詩曰：

從來學製裴然詩，不料霜臺御史知。

忽見便教隨命去，戀恩腸斷出門時。

這是崔紫雲的一首即景即情詩，道出了她對李愿的舊恩難忘，無可奈何地隨杜牧而去。杜牧以御史身分，強奪同僚所愛，於德有虧，於心何忍？

唐朝是一個兩性關係比較開放的社會。有孟氏，本壽春妓，後歸維揚萬貞爲妻。貞賈於外，孟氏春日獨遊家園，忽有美少年踰垣而入，賦詩贈答，遂私焉。踰年，夫歸。少年曰：「吾固知其不久也。」言訖，騰身而去。孟氏有詩兩首，均佳。

獨遊家園

可惜春時節，依前獨自遊。
無端兩行淚，長只對花流。

答少年

誰家少年兒，心中暗自欺。
不道終不可，可即怨郎知。

第一首是寫她獨居懷春的心裡，「無端兩行淚，長只對花流。」這是女性心理的自然流露。第二首也是「夫子自道」，一方面是怪少年欺心，一方面自己作了虧心事，不向丈夫說不好，說了丈夫知道也不好，這種內心的掙扎，今日女性仍然難免。但孟氏只以十個字就表現出這種矛盾心理；只以二十個字，就表現了整個偷情故事的始末、人物的心理。今天那一位新詩人能以新詩辦到？當代新詩人真不能再自欺欺人，捧著金飯碗討飯了。

生離死別，往往能激發詩人作家的創作才情。唐朝雖是我國歷史上少有的盛世，但是西北邊患未除，男性奉命出征，埋骨黃沙，孀婦深閨啼血故事不少。裴羽仙即其一也，裴無世次里籍可考，時以夫征戎，輕入被擒，音信斷絕，作〈哭夫〉詩二首如下：

風卷平沙日欲曛，狼煙遙認犬羊群。
李陵一戰無歸日，望斷胡天哭塞雲。

良人平昔逐蕃渾，力戰輕行出塞雲。
從此不歸成萬古，空留賤妾怨黃昏。

裴羽仙這兩首〈哭夫〉詩，有戰爭場景，有歷史詠歎，有個人哀怨悲傷。唐時一位獨處深閨的女性，能寫這樣作歷史見證的詩來，的確難得。而我們這一代人自「九一八」日軍侵佔東三省，乃至八年抗日戰爭，死傷軍人、平民三、四千萬，我未見過一首〈哭夫〉的絕律好詩，那些為國捐軀的壯士都是白死了！究其原因，不在當代女子無情，男人無義，而在於主張全盤西化的胡適之流，連中國詩詞也早被他們否定了。既不會寫，怎會有好絕律詩留下來？不客氣地說，胡適既不懂《易經》，不懂道家思想，不懂佛家思想，更不懂佛道思想合流的禪宗，更別談修行體驗；而且也不懂文學創作。他的《嘗試集》那種「新詩」，與徐志摩的作品相去不可以道里計。而與他同輩的魯迅、郭沫若等，都能寫很好的絕律詩，而胡適不能。但他搖擺在學術與政治之間，成為「聖之時者」，自然達到了否定中國文化、文學的目的，將中國古典詩詞也趕進了死胡同！使會寫詩詞的人愈來愈少。像我這種年齡的男女都是抗日戰爭中流血流汗的犧牲者，死的也都白白地死了，所以沒有一首絕律詩可以流傳下來。最少到現在我還沒有看到，像胡適這種販賣西洋文化的買辦學人，對中國文化、文學的戕害，實在太大了！須知沒有創作就沒有文學。沒有創作就沒有理論考據。如果沒有《紅樓夢》那有紅學考據家？此理甚明。而新詩發展了七、八十年，不但不能取代絕律詩，也還沒有得到國人的認同。這是中國文學的悲劇。

除了裴羽仙這些作品僅有一兩首，而不為人知的女詩人之外，作品較多，而又為人所知的則有花蕊夫人，薛濤、魚玄機、關盼盼等。花蕊夫人徐氏有詩一五八首，最多。薛濤有詩八十八首，其次。魚玄機有詩五十首，第三。關盼盼有詩四首。但首首都好。

花蕊夫人徐氏，青城人。自幼能文，尤長於宮詞，得幸蜀主孟昶，賜號花蕊夫人。她的宮詞一五七首，首首有關宮廷生活，是文學作品，也是很翔實的宮廷史料。但她流傳千古的作品卻是一首〈述亡國詩〉：

君王城上豎降旗，妾在深宮那得知？十四萬人齊解甲，更無一個是男兒。

薛濤字洪度。本長安良家女。隨父宦，流落蜀中，遂入樂籍。辨慧工詩，有林下風。韋皐鎮蜀，召令侍酒賦詩，稱爲女校書。出入幕府，歷事十一鎮，皆以詩受知。暮年屏居浣花溪，著女冠服，好製松花小箋，時號薛濤箋。薛濤八、九歲即知音律。一日其父指梧桐曰：

「庭除一古桐，聳幹入雲中。」

薛應聲曰：

「枝迎南北鳥，葉送往來風。」

其父慨然久之，後果入樂籍。紅顏薄命，有數存焉。女子福慧雙修者，史不多見。

薛濤才高，詩多靈性。其中〈十離詩〉是寫元微之的。元微之使蜀，嚴司空遣濤往事，因事獲怒，遠之。濤因作〈十離詩〉以獻，復善。濤事元已四、五年，兩人關係自非泛泛。濤於元曲盡逢迎，以求諒解苦心，令人同情。錄其七言絕律各一首：

贈遠 之一

芙蓉新落蜀山秋，錦字開緘到是愁。
閨閣不知戎馬事，月高還上望夫樓。

謁巫山廟

亂猿啼處訪高唐，路入煙霞草木香。
山色未能忘宋玉，水聲猶是哭襄王；
朝朝夜夜陽臺下，為雨為雲楚國亡。
惆悵廟前多少柳，春來空門畫眉長。

律詩重對仗，薛濤這首詩「爲雨爲雲」與上句「朝朝夜夜」對仗顯然並不工穩。是她不願以詞害意？或是別有原因？而成這種對仗？我爲提醒讀者，不宜以此爲法，特將此句調整爲「雨雨雲雲楚國亡」，這就工穩多了，而又無害原意，無損格律。新詩則如野馬，毫無規範，俗話說：不依規矩，不成方圓。絕律詩格律嚴謹，尺寸分明，天衣無縫，因此其文學藝術價值特高。

詩作比薛濤少很多的關盼盼，乃徐州青樓女子，善歌舞，工詩，爲尚書張建封納爲妾。張歿，獨居彭城張氏舊第燕子樓，歷十餘年不嫁。白居易贈詩諷其死。盼盼得詩泣曰：「妾非不能死，恐我公有從死之妾，玷清範耳。」乃和白詩，旬日不食而卒。外加燕子樓詩三首，共得四首，首首都好。

和白公詩

自守空樓斂恨眉，形同春後牡丹枝。
舍人不會人深意，訝道泉臺不去隨。

「我不殺伯仁，伯仁由我而死。」白樂天雖游於佛道之間，通情達理，仍狃於士大夫特權觀念，多此一詩，亦乃白璧之玷。

燕子樓　三首

樓上殘燈伴曉霜，獨眠人起合歡牀。

相思一夜情多少？地角天涯不是長。
北邙松柏鎖愁煙，燕子樓中思悄然。
自埋劍履歌塵散，紅袖香銷已十年。
適看鴻雁岳陽迴，又睹玄禽逼社來。
瑤瑟玉簫無意緒，任從蛛網任從灰。

像關盼盼這樣一位謹守分寸的才女，只因出身青樓，而落得如此下場，不能不擲筆三歎。豈非造物弄人，以萬物爲芻狗？抑或緣於其自身之往世宿業耶？亦宜三思。

與薛濤齊名的另一女詩人魚玄機，字幼微，一字蕙蘭，長安里家女。喜讀書，有才思。補闕李億納爲妾。愛衰，遂從冠帔於咸宜觀。後以笞殺女童綠翹事，爲京兆溫璋所戮。

秋怨

自歎多情是足愁，況當風月滿庭秋。
洞房偏與更聲近，夜夜燈前欲白頭。

隨崇真觀南樓睹新及第題名處

雲峰滿目放春晴，歷歷銀鉤指下生。
自恨羅衣掩詩句，舉頭空羡榜中名。

唐時以詩取士，而女性無考試權利，所以她才有「自恨羅衣掩詩句，舉頭空羨榜中名。」的慨歎。她這兩句詩無異代唐朝所有女詩人發言。以魚玄機的詩才，取進士直如拾芥耳！其他女詩人亦莫不如此也。千年以下，我作不平鳴。

丁丑（一九九七）七月十七日於中華古典詩詞研究所
庚辰（二〇〇〇）三月五日校正

註：拙作長篇小說《娑婆世界》已於一九九八年三月開筆，同年十二月十六日完稿。一九九九年十一月，由臺北昭明出版社出版。

今時中國祇萍翁

——齊白石的藝事與命運

湖南湘潭，人文薈萃，黎松安一門數傑，王闓運門下三匠，地靈人傑，可與義大利藝術之都佛羅倫斯（Florence）媲美；而木匠齊白石更是一代宗師，畫壇巨擘，中外共仰。斯人早已蓋棺，已成定論。

齊白石生於前清同治二年癸亥十一月二十二日巳時。譜名純芝，後名璜，字渭清，又字蘭亭，號瀕生，別號寄園、山石山人、寄幻仙奴、寄萍堂主人、老萍、阿芝、木居士、老木一、三百石印翁、杏子塢老民、借山吟館主、借山翁。卒於民國四十六年十月十六日，享壽九十五歲。

齊白石出身貧寒，幼年衣食不周，只讀半年私塾，便習爲木匠，而其詩、書、畫、金石，無一不佳，終其生更以畫蜚聲國際。

像他這樣一位出身貧苦，未受正式教育而有輝煌成就的大畫家，實在出乎一般人的想像之外。我因爲計畫寫一部以中國文化遭受西洋文明與共產主義雙重衝擊的長篇小說，想將他作爲書中的一個重要人物，便開始研究他。幸好他的東牀快婿易恕孜先生，女公子良憐女士，和我有二十多年的交誼，易先生與齊翁且係同鄉世交，對乃岳知之甚詳，與我又朝夕相處，二十多年如一日，平時茶飯之餘，常以齊翁爲談助，對齊翁生平我本已耳熟能詳，但爲更深入了解，易先生又爲我蒐集了齊翁全部資料及詩文供我參考。這都是第一手資料，他平日所談齊翁事故及個性等等，更爲珍貴。

任何人在任何方面的成功，都不簡單，必須主觀條件與客觀環境密切配合，二者缺一不可。齊白石的成功，更非倖致，在他個人來講，故然盡了人事，但是盡了人事不一定就能成功成名，比齊白石聰明努力的人有的是，比他受過更好的教育、家庭環境也更好的人更多，即以當年在南京拜他爲師的張道藩先生來講，張是留法習美術的，但以張在藝事上的成就而言，實難望齊翁項背，等而下之的更不必談。天下沒有一個人不希望自己富貴壽考、成功成名的，也沒有一個人立志失敗的，爲什麼富貴壽考的人那麼少，而貧賤失敗的人又那麼多？這就非只盡人事所可解答的。人事之外，天命更不可不知。不知天命，則富貴驕人，貧賤尤人。齊白石除了自己努力之外，亦知天命，且信天命。中國文化之博大精深，生機勃勃，就在於他有統合天地人而爲一的功能，惜乎中國文化精華已經喪失殆盡，所以當今之世，盲人狂人多於達人，尤以喝過幾天洋水者爲甚。比之張道藩先生，又不可同日而語矣。

齊白石不但是一位大書畫家、詩人、金石家，也是一位達人。我們且看他寫的〈胡冷广臨陳師曾山水相贈題一絕句〉的七絕詩：

堪笑同儕老苦勤，鼠鬚成塚世無聞。
傳人自古由緣定，本事三分命七分。

世人常言「樂天知命」，這是本末顛倒，因果錯位。我謂「知命樂天」，不知命則杞人憂天，庸人自擾，何樂之有？現在我就根據齊白石的生平，略談他的藝事和命造，兩相印證，讀者便可知中國文化是否起於迷信？終於迷信？如若不然，我們應該切實反省，中國文化精華已經喪失殆盡，我們應不應該保留一線生機，爲千秋萬世子孫著想？因爲高明者早已噤若寒蟬，被西化論者一棍打倒。後生如我，不惜親冒矢鏑，以此進言。事實俱在，不敢徒託空言。

我先述齊白石的藝事。

請讀者先看〈齊白石作品選集自序〉：

「予少貧，爲牧童及木工。一飽無時，而酷好文藝，爲之八十餘年，今將百歲矣。作畫凡數千幅，詩數千首，治印亦千餘。國內外競言齊白石畫，予不知其究何所取也。印與詩則知者稍希，予不知知之者之爲真知否？不知者之有可知者否？將以問天下後世。然老且無力。吾兒良己裒印老人自喜之作罕示人者，友人黎劭西先生並爲審訂，以待衆評。予之技止此，予之願亦止此。世欲真知齊白石者，其在斯！其在斯！請事斯！一九五六年湘潭齊璜白石時年九十有六。」

這裡有兩點必須說明，一是選集只是他「自喜之作罕示人者」，不是他的全部作品。即以石印一項來說，據〈白石印草自序之二〉說：「余五十五歲後居京華，所刻之石，約三千餘方……」這是他七十一歲時寫的。他在二十歲以前就開始刻印，作品雖曾拓存，但丁巳鄉亂時，已成刧灰，僅保留序文。五十七歲至七十一歲這段時間已刻印三千多方，可見他刻印之多。再以詩來說，僅四十至五十歲十年間，即作詩一千二百餘首。他三十二歲在家鄉時即與黎松广等七人結龍山詩社，他任社長。他一共活了九十五歲，詩作之多亦可想見。他的畫自然更多，他發傭人工資都以畫計值。他自八歲開始習畫，八十多年中，畫了多少？他自己也記不清楚。他是個職業畫家，以此爲生，而且精力過人，又十分勤奮，所謂「作畫凡數千幅」，當是一個很保守的數字。第二、他在選集自序裡說「時年九十六」，實爲九十四，因爲相信命運，有人算他七十五歲辰戌沖，不利，他用瞞天過海手法，自七十五歲起加兩歲，其實這是自欺之法，與命運無補，以下再談。

他是一位具有多方面成就的藝術家，但一般人只知道他是一位大畫家，詩、書、金石之名反爲畫名所掩。而他在選集自序裡，也不以畫爲重。他常說：「詩第一、書法第二、畫第三、篆印第四。」真是「文章千古事，得失寸心知。」世人看法，未必真能中肯。我個人的拙見也認爲他的詩是自成一家，不同凡響。現在我在他的許多詩作中選抄一些我特別喜愛而具有代表性的作品，以供讀者欣賞：

贈東鄰子

偶扶清趣到蘿霞，溪水春晴罷浣紗。
隔座遠茶閒問字，臨池奪筆笑塗鴉；
誰刪翠袖閨中態，自寫朱顏靜裡花。
王叟三千門下士，不聞多藝女侯芭。

律詩中間兩聯對仗最關重要，乃詩心詩膽。此詩頷聯寫女兒心態、動作，極爲傳神；頸聯亦佳。全詩風流蘊藉，了無輕薄之意。

山桃女子自畫小像以為未似戲題

二十年前我似君，二十年後君亦老。
色相何須太認真，明年不似今年好。

這首詩不緊題得十分貼切，也表現了他豁達的人生觀和極高的悟性。齊白石題畫的詩，不論是五言七言，或四言六言，乃至長短句，凡我所見的無一不佳，無一不恰到好處。

看雲

深山窮谷未相宜，生長清貧老亂離。
欲化雲飛著何處？崑崙嫌近祝融低。

這是一首以雲自況的詩，最後一句表現自己的身份，口氣雖大，但不失之於狂，難得在此。

昔感

蓮花峰下寫魚蟲，小技當年氣亦雄。
昔日齊名思雪個，今時中國祇萍翁；
妄思已付東流水，晚歲徒誇萬里笻。
何物慰余終寂寞？法源寺裡夜深鐘。

這首詩是寫他的繪畫生涯。「昔日齊名思雪個，今時中國祇萍翁。」這時齊白石在北平已經成名，非復吳下阿蒙，所以他也相當自負，意境亦高。

門人為小像友人以為未似余自戲題絕句

身如朽木口加緘，兩字塵情一筆删。
笑倒此翁真是我，越無人識越安閒。

從這首詩可以看出齊白石的人生境界已更上層樓。「塵情」雖未必能删，（他是性情中人，逃情又是人生一大難事，他八、九十歲時尚有夏「看護」隨侍左右，不廢人倫，「删」何容易？）而盛名之累亦自所難免，因此他有「越無人識越安閒」之句，決非矯揉造作也。

唐規嚴還長沙請傳語趙炎午

石榴子熟西風急，蔬菜根香秋雨涼。
君返長沙逢老趙，為言白石苦思鄉。

當時趙炎午是湖南炙手可熱人物。齊白石避亂北平，有家歸不得。此詩極富時代感，可作歷史看。

自嘲

何用高官為世豪，雕蟲垂老不辭勞。
夜長鐫印忘遲睡，晨起臨池當早朝。
嚙到齒搖非祿俸，力能自食匪民膏。
昏眼未瞎手猶在，自笑長安作老饕。

這也是一首感懷言志的詩，表示他是一位自食其力，問心無愧的畫家；言外之意，自然清高。

春藤

西風昨歲到圓亭，落葉階前一尺深。
且喜天工能反覆，又吹春色上枯藤。

齊白石不僅蝦蟹絕佳，紫藤亦妙。這首題詩配他的畫，更是相得益彰，妙手得來，風雅無比。

畫獵人題句

雪風吹鬢獨徘徊，寒透狐裘凍不開。
我勸此翁忘得失，泥爐杯酒可歸來。

我雖未看見這幅畫，但詩中有畫。妙在第三句作者現身說法，第四句更有無比的吸引力，我也彷彿聞到酒香，感到爐煖。數九寒天，冰雪蓋地，任何獵人，都會被「泥爐杯酒」動搖。老人風趣，可見一斑。

題不倒翁

能供兒戲此翁乖，倒不須扶自起來。
頭上齊眉紗帽黑，雖無肝膽有官階。

我曾看過他一幅不倒翁的畫，寥寥幾筆，十分傳神。題不倒翁的詩也讀過三首，但我最喜愛這一首。從他的不倒翁的畫和詩中，可以看出他的幽默和諷刺，罵人不帶髒字。抗戰時他畫的一幅螃蟹，題句「看汝橫行到幾時」，諷刺日本軍閥不著痕跡，但卻招了紅衛兵之忌，幸好他已辭世，只鬥爭他的畫，鬥不著他的人，後來因爲他的畫値錢，可以賺取外匯，也就不敢再鬥了。

與友人説往事

客裡欽州舊夢癡，南門河上雨絲絲。
此生再過應無分，纖手教儂剝荔枝。
（嘗有歌女剝荔枝肉外皮以啖余。）

這首詩是寫齊白石在欽州作客時的一段韻事，他不諱言，益顯其純真可愛。

畫老來紅

四月清和始著根，輕鋤親手種蓬門。
秋來顏色勝蓬草，未受春風一點恩。

齊白石不但畫有創意，題詩更獨出心裁。這首詩妙在最後兩句，畫龍點睛，真欲破壁飛去。

癸亥七月十九日聞家山大戰慨然題壁

又道湘軍上戰鞍，劫灰經慣漸心寬。
料君一物難攜去：數疊青青屋後山。

癸亥年齊白石正好花甲一周，而湖南仍在戰亂中。這首詩與〈唐規嚴還長沙請傳語趙炎午〉那首詩都是詠事感懷的，前者是委婉的規勸，後者則是深沉的感歎與諷刺。

題山水畫

此間合是幽人住，花鳥蟲魚得共閒。
七尺紙籬三丈竹，一灣流水數重山。

齊白石的山水我所見的不多，偶然一見，亦非山高水長之作，筆法簡鍊，而妙趣橫生，這首詩中的山水，亦復如此。他的山水古樸淡雅，勝過層巒疊嶂。他另一首題山水的五言絕句，亦是絕妙好詩：

隱隱遠山低，荒煙接斷堤。

無人來此境，明月過前溪。

漁家圖

江上青山樹萬株，江流分處老漁居。
年年水添鸕鷀眾，盤裡無魚七載餘。

這首詩寫的不是漁家樂，而是漁家苦。他畫的鸕鷀也別具一格。

鳳仙花

雨後園林洗淡粧，淺紅輕碧近銀牆。
此花已有神仙福，願在佳人指上香。

朱欄十二粉牆斜，芳徑紅衫半掩遮。
曾見阿珊惆悵立，含情手折鳳仙花。

鳳仙花俗名指甲花，為婦女染指甲者，齊白石這兩首題鳳仙花的詩，都與仕女有關，後一首寫仕女動靜有致。

老屋

少不能詩孰使窮，門前一樹杏花風。
怕窮立腳詩人外，猶是長安賣畫翁。

這首詩也向讀者提供了一個重要消息。齊白石自認詩第一，不爲無因，他之所以賣畫而以畫名，不以詩名，這同生活大有關係。詩不但不能救窮，也不能濟急，畫則可以解決生活問題。由於畫得好，而且畫得多，所以一般人只知道他的畫而不知道他的詩了。（我自幼即深愛古典詩詞，但出版拙作五十部後，直至年滿八十，始出《墨人詩詞詩話》，因無人肯出，且少知音也。）

畫蝦

塘裡無魚蝦自奇，也從荷葉戲東西。
寫生我嬾求形似，不厭聲名到老低。

齊白石的蝦我所見最多，「寫生我嬾求形似」，的確是夫子自道，他的蝦神韻極佳，絕無匠氣，此爲「家」與「匠」之最大分野。

聞秋蟲

瀟湘久雨嫌春濕，燕地多晴偶再游。
道路四千寒暑異，蟲聲到耳一般愁。

這首詩前三句都是用對比手法，最後一句寫作者個人心態，統合兩地情景而吐出自己心聲，是一種極其自然的發展，無絲毫斧鑿痕，真是妙手天成。

雙鷗（曾過九江所見）

潯陽江外有池塘，風過菰菱水有香。
羨汝閒閒鷗兩個，羽毛何必似鴛鴦。

這首詩是寫我的家鄉情景，第一句「潯陽江外有池塘」，實際上是城內有湖，此湖名甘棠湖，本地人多稱爲南門湖，爲當年周瑜練水師處。湖水澄清無比，入夏則滿湖菱葉，菱花開時自然「水有香」，水鷗乃至大雁，都會停落湖上。白居易的〈琵琶行〉，也是在我故鄉寫的。讀齊白石此詩，不止於文學欣賞，更動我鄉思。

吾畫不為宗派拘束無心沾名自娛而已人欲罵之我未聽也

逢人恥聽說荊關，宗派誇能卻汗顏。
自有心胸甲天下，老夫看慣桂林山。

這首詩表現了他自己的獨立的藝術觀，和充分的自信。畫家如此，作家何獨不然？不依傍他人，不標榜宗派，才是大家。

齊白石的詩作有好幾千首，因為篇幅關係，我只引述二十四首，真是掛一漏萬。（更可惜的是他的詩散失的也多。）看了他這二十四首詩，讀者也不難想見其功力之深，與才氣之縱橫。他說他的「詩第一」，決非自高身價。置之全唐詩、全宋詩中，亦屬大家，而為一般進士詩人所不及也。他說他的畫不拘宗派，其實詩亦不落前人窠臼，自成一家，這就是齊白石之所以為齊白石也。

由於他的詩好，所以對聯也極佳。這自不在話下。

有些畫家歡喜自稱幾絕，齊白石並不如此，其實他的詩、書、畫、印，稱為四絕，應當之無愧。他的文章不多，但篇篇都見性情，如〈齊璜生平自述〉就有這樣的話：

「一日，祖母正色曰：汝只管讀書寫字，生來時走錯了人家。諺云：三日風、四日雨，那見文章鍋裡煮？明朝無米，吾兒奈何！」

這都是活的文學，不是死文學。

齊白石的畫名氣太大，因此詩名爲畫名所掩，十分可惜。不然，他當以詩名家。他的畫如何？照他自己的話說：「余二十歲後喜畫人物，將三十歲喜畫美人，三十後喜畫山水，四十後喜畫花鳥草蟲。」可見他是人物、山水、花鳥草蟲，無所不能。但他成名在四十以後，到北平賣畫又在五十以後，所以現在能看到的以花鳥魚蟲爲多。

我們要了解他的畫，還要從他自己的藝術觀中去探求。除了前面引的一首詩，知道他不拘宗派，胸中自有丘壑外，他的一些零星談畫的觀點，十分重要。中國畫家、詩人、作家不像外國同行歡喜發表大而無當的長篇大論，不但杜甫、李白沒有詩論行世，曹雪芹、吳敬梓又何嘗有小說創作論行世？畫家亦復如此，齊白石更非好發議論的人。中國的詩人、作家、畫家雖不大談理論，但他們往往能一語中的，句句都含真理。在近代中國大談理論指導別人寫作畫畫的那是另一行業，而與作家、畫家很少發生直接關係。齊白石雖然沒有受過理論訓練，卻無礙於他成爲大詩人、大畫家，而他偶一談之，雖三言兩語，真理自在其中。他談畫更不如作畫之多，茲錄引其語如后：

畫中靜氣最難在骨法，骨法顯露則不靜，筆意躁動則不靜，余要脫盡縱橫習氣，無半點喧赫態，自有一種融和閒逸之處，浮動邱壑間，非可以躁心從事也。

山水要無人人所想得到處，故章法位置總要靈氣往來，非前清名人苦心造作。

山水筆要巧拙互用，巧則靈變，拙則深古，合乎天。天之造物，自無輕佻溷濁之病。

人但知墨中有氣韻，不知氣韻全在手中。

畫有欲仿者，目之未見之物，不得形似；目之見過之物，而欲學前人者，無乃大蠢耳。

有謂余畫觀音大士何以美麗而莊嚴，余曰：須知菩薩即吾心也。

四百年來畫山水者，余獨謂玄宰、阿長，其餘雖有千崖萬壑，余嘗以匠家目之。時人不譽余畫，余亦不許時人，因山水難畫過前人，何必為。時人以為余不能畫山水，余喜之。

草野之狸，雲天之鵝，水邊雛雞，其奈魚何。善寫意者，專言其神工；寫生者，只重其形。要寫生而復寫意，寫意而復寫生，自能神形俱見，非偶然可得也。

古人作畫，不似之似，天趣自然，因曰神品。

作畫易，只得形似更易，欲得格局特別則難。

余之畫蝦已經數變：初只略似，一度畢真，再度色分深淡，此三變也。

畫家不要以能誦古人姓名多為學識，善道今人短處為己長。總而言之，要我行我道，下筆要我有我法，雖不得人歡譽，亦可得人誹罵，自不凡庸。

余有友人常謂曰：吾欲畫菜，苦不得君畫之似，何也？余曰：通身無蔬筍氣，但苦於欲似余，何能到。

畫鳥之神氣在於眼睛，是否生動在於嘴爪，至於形式、姿態、羽毛顏色比較是次要。

客論作畫法，工粗執難？余曰筆墨重大，形神兼工，不易也。

學我者生，似我者死。胸中富邱壑，腕底有鬼神。

從以上齊氏談畫語錄中，讀者更可以直接了解他的畫，比別人的評論當更中肯。

他治印的成就，我只引用一則他自己的話：

「予之刻印，少時即刻意古人篆法，然後即追求刻字之解義，不爲摹、作、削三字所害，虛擲精神。人譽之一笑；人罵之，亦一笑。」

他認爲在他藝事中位居第二的書法，他很少談論，識者自識，我不敢置喙。

齊白石得天獨厚，一生專心藝事，所以他的成就大而多。但我還是用他自己的話作結論比較妥當：

「詩第一、書法第二、畫第三、篆印第四。」

談完了齊白石的藝事，再來看看他的命造。

齊白石生於前清同治二年十一月二十二日巳時。四柱爲癸亥、甲子、乙丑、辛巳。大運逆行，爲癸亥、壬戌、辛酉、庚申、己未、戊午、丁巳、丙辰、乙卯、甲寅。有誤爲戌年或辰時者，均大錯。如爲壬戌年、庚辰時，則格局大不相同，四柱則爲壬戌、壬子、庚午、庚辰。如僅時辰爲辰時，則四柱爲癸亥、甲子、乙丑、庚辰。姑以時辰提早爲辰時而論，則爲時透官星，而官又與身合，那齊白石就一輩子與官場結不解之緣，再加上時支貴人又與日支合，那絕不會以賣畫終其身，性格也不同，財也不致破耗太多。尤其是行財官印運，更不相同。從他的年譜和四柱對照，亥年巳時若合符節，準確無比。

現在先說齊白石的性格。一般人常說一個人的成功、失敗、吉、凶、禍、福決定於性格，而無關乎命運。這是只知其一，不知其二，而且是本末倒置，因果錯亂。所謂性格者，產生於四柱八字，四柱八字決定個人的性格，也決定個人的窮、通、壽、夭、吉凶、禍、福。這種因果關係，一般人不了解，知命者一望即知。什麼是科學？這就是科學的分析方法。所以當年協和醫院的名醫，檢查汪公紀先君身體時，對他的先君說：「Absolutely nothing……」卻想不到一個星期後，醫生言猶在耳，江老先生卻一病不起。但根據中國命學，幾十年前就有人替他算出來了。這其間最大的差異，是西方文化沒有統合功能，只重視現象，而不知基因，所以西醫是頭痛醫頭，腳痛醫腳，外科不知內科，內科不管外科，而外科內科又分了再分，皮膚科是皮膚科，骨科是骨科，胸腔科是胸腔科，腸胃科是腸胃科，這是化整爲零。中國文化卻不然，因爲中國文化能夠統合，所以中國命學家早幾十年就知道汪先生的先君有此一關。究竟誰科學？誰不科學？事實是最好的說明。胡適先生生前最愛說的一句話是：「拿證據來！」這不就是最好的證據！可惜他已經作古了。如果他還健在，應該後悔當年的孟浪。

根據齊白石的四柱八字，我判斷他的性格是多疑，不相信別人；而且性格倔強，正直，自行其是；聰明、努力；老尙風流。何以聰明、多疑？因爲他年透偏印，又坐正印，月時均坐偏印。何以倔強正直，自行其是？因爲他身坐七殺，又時干透七殺，再加時坐傷官，因此還不大好相處。何以老尙風流？因爲他身坐偏才，時坐沐浴，本來就有幾分風流，老年坐沐浴，是以到老不改風流。聰明的人不一定努力，齊白石是既聰明又努力，爲什麼如此，因爲他年月日支亥子丑會北方，水爲木印而又身坐華蓋的關係。

齊白石的性格是否有事實爲證？有。他的多疑，不相信別人，只要舉一些小事爲證，他油鹽柴米都自己經管分配，印盒更要加鎖，所有鑰匙都串成一串綑在腰上，至親子女都不相信。這不是多疑是什麼？其所以如此，因爲他的印多是偏印而不是正印。他的倔強、正直，可從抗戰時期他身在北平，閉門不出，不和日本人打交道看出來。他抵抗日本人的辦法是在大門上張貼：「白石老人心病復作，停止見客。」及「白石不幸於前年死去矣，不復在世，欲求見者，請問閻王。」還加上「畫不賣官家，竊恐不祥。」等等告白。他的聰明努力，可從他拜蕭薌陔學畫這件事看出來。他們兩家相距五十華里，齊白石前往請益，一日來回就是一百華里，雨雪天他穿木屐前往，長年行走，膚肉爲裂，血染泥路，不以爲苦。這樣的苦學精神，別人能嗎？如果他是蠢材，能詩、書、畫、印都有大成嗎？一般人只知其果，不知其因，其實這在四柱裡早就交代清楚了。

談到風流，他早在十二歲時就結了婚，只是幾年後才同房。早年在家鄉時還和「聚英旅館」的一位「春姑娘」有染，春姑娘母親去世時他還作了一副膾炙人口的輓聯：

世人何必重生男，有女事親，手上湯藥襟上淚！
逆旅最難逢此母，登門作客，寒時爐火渴時茶。

這種輓聯豈是局外人所能寫出？

他到北平後，五十七歲時（己未年九月）又納胡寶珠女士作姬人，他比胡女士大四十歲。民國二十七年戊寅，這時他實際是七十六歲，名為七十八歲，他還生了第七個兒子良末，號耋根，以他年近八十也。八十一歲時，胡氏病歿。八十二歲他又請來夏文珠女士任「看護」。本來是講好了娶她的，因子女反對，乃改任「看護」，雖名為看護，實際同牀共被，不廢人倫，直到生命結束。一般或視齊為「老不羞」，但此為「命中註定」之事。要是換了別人，就是想「風流」也「風流」不起來。

齊白石的性格交代清楚了，再談談他的命運和事業。

如果依照子平論命的看法，齊白石的命不算好，也不是貴命。他劫財和七殺都重，又月坐偏印專位，時坐傷官。雖有貴人，但貴人坐病，所以他不是貴命。因爲月坐偏印專位，又亥子丑會局，屬星卜雜技之流。在從前士大夫社會，是沒有什麼社會地位的。但是現在社會結構和形態都變了，做官不是讀書人的唯一出路，「官」也不一定是最好的出路，科學家、文學家、藝術家，也自有其地位。齊白石之所以成爲大畫家，以賣畫終其一生，而不入於星卜雜技之流，因爲他月坐貴人，而貴人又與日支合，而子丑合土，又成爲他的財星，可惜劫財重，所以賣畫所得的錢固然過多，但花費的也不少，尤其是最後的劫財運，一生積蓄化爲烏有，生命也因此運而告終。

他兩歲起行癸亥大運，這十年伏吟運，身體非常不好，時在病中。這可以從〈齊璜生平自述〉中得到印證：

「小時多病，病危時，祖母常禱於神祇，以頭叩地作聲，傷處墳起。」

十二歲至二十一歲行壬戌大運，壬爲正印，正印生身，十二至十六歲，身體轉健。所以十二歲開始習木工，又在這年結婚，只是沒有同房。十七歲至二十一歲行戌運，戌爲空亡墓庫，又是西方，所以也不是好運，「朝爲工、夜習畫。」而已。

三十二至三十一歲，十年七殺西方運，而且「乙」絕於「酉」，七殺攻身，又逢絕，辛苦自不待言。這是他的「苦學」階段。

三十二至四十一歲行庚申運，庚爲正官，申爲貴人，氣勢便不相同。所以三十二歲甲午這年，「借五間山僧寺爲詩社，社友王仲言輩凡七人，謂爲七子，推璜爲龍山社長。黎松安、薇莎、雨民爲詩友。識張仲颺，得見王湘綺，拜爲弟子。」（齊白石年譜）一到庚運，他就初露頭角，「貴」爲「社長」。王湘綺名動公卿，的確是他的貴人，對他一生的幫助不小。三十八歲庚子年，庚爲官，子爲貴人，天干地支都好，所以這一年他應約畫南嶽七十二峰圖，得酬二百四十金，「始佃蓮花峰下百梅祠屋居焉」。本來他一貧如洗，身無長物，這時才算居有屋，名爲「借山吟館」。四十歲壬寅，「時正天寒，忽得友人夏午詒、郭保生來電報，聘之長安爲畫師。風雪過灞橋，識樊樊山。」真是一路貴人。四十一歲癸卯，從西安到北京，還湘。夏午詒替他捐個縣丞，他不幹，樊樊山想介紹他教慈禧的畫，他也不幹，而帶了他們兩人給的錢回家。這五年大運流年都好，貴人得力名成利就，非復吳下阿蒙矣。

四十二至五十一歲行己未運，一路偏才，丑未又沖，自身必動，而且動中帶財。四十二歲甲辰年，遊南昌、廬山。四十三歲乙巳年，遊廣西。四十四歲丙午年，遊廣東，冬還家，置田地建房屋於茶恩寺茹家沖。種果木，繞屋三百株。從此成爲小康之家了。四十五歲丁未年，到廣東欽洲。有艷遇。（見〈與友人談往事詩〉）身坐偏才，又行偏才運，風流韻事，自所難免。以我判斷，己未十年偏才運中，韻事當不止此也。四十六歲戊申年，仍遊廣東。四十七歲己酉年，自上海歸湘潭。至此「五出五歸，身行半天下」了。四十八歲庚戌，遊岳麓山。四十九辛亥，「侍湘綺師長沙」，又「往侍譚氏三兄弟，迎居荷苑池上，爲先人寫真。」

五十二至六十一行戊午運。齊之四柱本不透官，時支雖藏正官，亦藏傷官，生既無力，所以行財運便破印，戊癸一合，又合偏印，既破且合，合去生身喜神，所以丁巳年鄉亂逃竄平津，戊午年更糟，又合又沖，勢為拉鋸。所以〈白石詩草自敘〉中有這樣的話：

「越明年戊午，民亂尤熾，四野煙氛……有戚人居紫荊山下，地甚僻，茅屋數間，幸與分居……猶恐人知。遂呑聲草莽之中，夜宿露草之上，朝餐蒼松之陰，時值炎熱（墨人註：更與「午」符合），赤膚汗流，綠蠅蒼蠅共食，野狐穴鼠為鄰，只是一年，骨與枯柴同瘦，所有勝於枯柴者，尚多兩目，驚怖四顧，目睛瑩然而能動也。」

由以上這段文字看來，證明戊運五年，是他最不喜的運程，尤以五十六歲戊午年為最，月柱天剋地沖，正財逢劫，如非身強，有天乙貴人，性命難保。

五十七歲己未年進入午運，便大不相同。「午」是他的文昌、長生、桃花、紅艷，子午沖，午未又合，所以他又到北平。己未年偏才重疊，除賣畫刻印外，九月間並納小他四十歲的胡寶珠女士為姬人，此即桃花紅艷出現，文昌天乙逢沖，午未又合的緣故。齊氏之命造，「戊」運之「戊午」年，「午」運之「己未」，奇驗無比，如太空人之登陸月球，不偏不差。這年並還家省親。五十八歲庚申年，又回北平。五十九歲辛酉秋返鄉，旋即回平。六十歲壬戌，仍往返湘潭北平。六十一歲癸亥（虛歲），在北平。他的好友陳師曾死於南京，他曾題詩哭之。陳師曾也是他的貴人，是丁巳那年在北京認識的，他的畫之能揚名國際也是由於陳師曾的關係，陳將他的畫帶到日本展覽，日人出重金購買，並攝成影片，在東京藝術學院放映，另外他的作品還選入巴黎藝術展覽會。這都是月支天乙與運中文昌的關係。

六十二至七十一行丁巳運。財源茂盛。本來他的劫財重，行食神運正好。但是六十三歲乙丑年與日柱為伏吟，伏吟年月較輕，時日為重，所以非病不可。據他自記：「二月二十九日，余大病。……人事不知者七日夜，痛苦不堪言狀……半月之後，始能起坐，猶未死。……六十三歲之火坑即此過去也。」他把這一年視作「火坑」，可見其嚴重。這一年若與戊午、己未一比，絲毫不差，如響斯應。

七十二至八十一歲行丙辰運。丙為傷官、辰坐大耗，但他四柱不透正官，不怕傷，反可生財。長沙舒貽上算他七十五歲辰戌沖，那是四柱錯了，所以七十五歲丁丑這年他用瞞天過海手法，自加兩歲，改為七十七，其實這是多此一改。在七十五歲之前，他的生命有兩道關口，那就是「戊」運的「戊午」年和六十三歲的「乙丑」年，已如上述。由於舒詒上的四柱有誤，所以不準，七十五歲丁丑歲本身安然無事。一般人之疑命為迷信不可靠者與此類誤排誤算亦有關。如果時間空間校正精確，凡重大事件，決無差誤，小事細推，亦不致偏失。江湖算命，草率從事，加上不知命學是依據宇宙發展形成的自然法則演繹而來，知其然而不知其所以然，不是真知，所以有時不免「亂蓋」，「亂蓋」之下，科學的命學自然蒙冤，正如糊塗外科醫生開刀，把剪刀留在腹內，把傷口縫了起來，怎麼不出毛病？但是我們應不應該否定外科醫學呢？我想答案一定是不能因噎廢食。丁丑年對於齊白石的生理健康沒有影響，但是對他的財運卻有關係，因爲日本軍閥就在這年七月七日發動蘆溝橋事變，揭開我全面抗日序幕。齊白石身陷淪陷區，閉門不出，不與日人及漢奸交道。所以辰運五年期間，賣畫生涯不大如前，坐吃老本，加上「繼室」胡寶珠女士去世，豈非「大耗」？

八十二至九十一行乙卯運，身強得祿，身體老而彌堅，所以這年九月，他又需要夏文珠女士來當「看護」了。但乙爲比肩，雖可幫身，亦能分財，加上八十二歲甲寅年、八十三歲乙酉年，天干又是劫財比肩，財運仍然不好。幸好乙酉秋日軍投降，抗戰勝利，因此次年丙戌他的運氣就好了。抗戰八年，國人十分艱苦，齊白石個人財運也不佳，豈非數也？

八十四歲丙戌年，齊白石也時來運轉，這年十月，他遊南京、上海，並在兩地開畫展，聲名大噪，加上張道藩鄭重拜師，黨國名流顯要除蔣先生未參加外，吳稚暉、張溥泉、于右任、陳果夫、溥心畬並陪他坐在禮堂中央，陳立夫、馬超俊、谷正綱、羅家倫、余井塘、梁寒操、劉文島、傅斯年……等一百多人都來觀禮。一個木匠出身的畫家，收了一個留學法、英，專攻美術的特任官弟子，這是何等風光？三十八年大陸變色後，毛潤之和郭沫若還親自登門拜訪，請他當「人代」，他拒絕了。這都是乙卯大運臨官的緣故。

九十二歲甲午年進入甲寅大運，甲爲劫財運，加上四十六年丁酉，他九十五歲。「乙」

絕於「酉」，他死於這年陽曆十月十六日，依節氣算，正是陰曆閏八月，還是酉月，也就是死於酉年酉月，乙木不勝酉金重剋，人到衰年，生命力至弱，必死無疑。

科學重印證，能經得起考驗印證的就是科學。齊白石的個案研判印證如上。他的年譜是胡適先生訂的，易恕孜先生增補的，不是我編撰的，這點必須說明。

中國文化基於科學思想，科學精神。惜乎兩千年來，歷代偏重人文，忽視乃至歧視科技，因而有「五四」以後的西化論，一切都向西方學，彷彿中國文化一無是處。

要想復興中國文化，只恢復人文主義是不夠的。人類行爲規範是因時因地而異的，甲以爲是，乙以爲非，不能成爲人類共同法則。只有宇宙自然法則，人類無法改變。任何狂人都可以叱咤一世，騎在同類頭上，但他不能命令太陽、地球不轉，而這些狂人就在太陽地球的轉動之間，很快消滅。這就是宇宙自然法則。所以老子說「天地不仁，以萬物爲芻狗。」只要我們了解宇宙自然法則，順其道而行，順其道而發展我們的人文主義，發展統合天地人而爲一的和諧協調的中國文化，那就可大可久了。

原載六十七年五月二十三日至二十八日《新生報》。《藝壇》一三0期轉載。

庚辰（二000）三月五日校正於紅塵寄廬

中國新詩與傳統詩詞的整合

——為一九九四年臺北世界詩人大會而作

中國詩有最悠久的歷史，《詩經》是中國最早的詩集。那是中華民族的集體創作，不是個人作品。原作者多是北方的民間詩人，而又絕不止三百首，且有謂三千多首者。孔子依其好惡而刪詩書，因此《詩經》只留下三百零五首，再經散失五首，故《詩經》僅留下三百首。而這三百首又是怎樣的詩呢？曰：「詩三百，一言以蔽之，曰思無邪。」如果不是孔夫子以詩言教的主觀意識太強，中國詩的內容一定更加豐富，更加多采多姿，所以嚴格說來，孔子刪詩，是中國先民詩歌的一大損失，是中華民族性格的一大戕害。他要齊一變至於魯，魯一變至於道，用意雖然很好，但以政治手段加諸文學，卻是不智的。中國歷代的政治干預文學，可以說孔子是始作俑者。這後果是他沒有想到的。

《詩經》分國風、小雅、大雅、頌四體。四言、五言、六言、七言不一而足。相沿至唐，乃有古體、近體之分。唐朝開國之初，以聲律取士，英俊才彥，均習六義，以爲進身之階，帝后嬪妃、僧道閨秀，亦多唱和，蔚爲一代之風，其成就之大，可謂空前絕後，所以言詩必唐。因中國詩發展至唐，格律完備嚴謹，杜甫更集格律詩之大成。中國詩既已登峰造極，唐明皇又精通音律，中國詩遂由樂府而演變爲詞。唐明皇可以說是詞的催生者。詞是詩的變體，但這種變革不大，詞者詩之餘也，詞只是增強詩之音樂性和彈性，擴大詩的創作空間，詩仍然是詞的母體，唐朝並未以詞廢詩，兩者並行不悖，但大中、咸通以後，迄於南唐二蜀，詞更是家工戶習，曲盡其變。至宋乃集詞之大成，而爲有宋一代文學的表徵。但宋詞仍未取代宋詩，只是宋詩的光芒已爲宋詞所掩，詞人即爲詩人，詩人亦即詞人，其間的差異即爲同一人的詩詞，往往詞比詩好，以大詩詞家歐陽修而言，他的詩亦不如詞。此即詞的音樂性與彈性優於詩。詞更宜於抒情，尤宜於女性，此李清照、朱淑真之所以名垂千古也。而歐陽修的〈生查子〉：

去年元夜時，花市燈如晝。月到柳梢頭，人約黃昏後。
今年元夜時，月與燈依舊。不見去年人，淚滿春衫袖。

歐陽修這首〈生查子〉，詞品卷二誤爲朱淑真詞。而「月上柳梢頭」句，又誤爲李清照作。但「月到柳梢頭」，不如「月上柳梢頭」，「淚滿春衫袖」，又不如「淚濕春衫袖」。一字之差，相去甚遠。

以七言律詩和〈鷓鴣天〉詞來說，只有一字之差，但音樂性、彈性和韻味，卻大不相同。茲舉歐陽修七律〈試答元珍〉詩與〈鷓鴣天〉詞作一比較，即見分曉：

試答元珍 七律

春風疑不到天涯，二月山城未見花。
殘雪壓枝猶有橘，凍雷驚竹欲抽芽；
夜聞歸雁生鄉思，病入新年感物華。
曾是洛陽花下客，野芳雖晚不須嗟。

鷓鴣天

學畫宮眉細細長，芙蓉出水鬥新妝。
只知一笑能傾國，不信相看有斷腸。
雙黃鵠，兩鴛鴦，迢迢雲水恨難忘。
早知今日長相憶，不及從初莫作雙。

歐陽修是唐宋八大家之一，又是蘇東坡的師長，他詩詞均佳。由於詞是由詩演變而來，它繼承了詩的優點，而又增加了音樂性與彈性，在創作上亦不受律詩對仗的束縛，自由多了，這是良性的變革，成功的變革。其他詞譜如浣溪沙、虞美人、卜算子、如夢令、踏莎行、憶秦娥、南柯子、臨江仙、點絳唇、蝶戀花、菩薩蠻、醉花陰、謁金門、朝中措、長相思、西江月、昭君怨、一剪梅、武陵春、聲聲慢、木蘭花、采桑子、南歌子、秦樓月……等等，比鷓鴣天的彈性更大，音樂性更強，寫作更自由。所以詞比詩更能令人迴腸盪氣，是抒情文學的最佳形式。

詞不僅令人讀來纏綿悱惻，也能使人慷慨悲歌。如岳武穆的滿江紅〈寫懷〉與〈登黃鶴樓有感〉二首，以及蘇東坡的念奴嬌〈赤壁懷古〉都是這類作品。運用之妙，存乎一心，也看詞人的氣質。如毛澤東的〈沁園春〉，就充滿帝王思想，目無古人。其他效毛塡〈沁園春〉者，則畫虎不成反類犬矣！中國文學、文字之妙，詩詞之美，不入堂奧，不解其味。

中國新詩不像詞的變革那樣自然，那樣與其母體——詩，息息相關，吸取了母體的營養，而壯大自己。中國新詩完全是自西方移植而來，與中國傳統詩詞沒有關係，甚至故意區隔起來，以示其新。不但沒有吸取傳統詩詞的文學營養，連中國方塊字在形聲義方面的許多優點，也棄如敝屣。而西方文字又不能全搬過來運用，因此，在表現工具方面有如圓鑿方枘，在語言文字結構和思維方面都難作到天衣無縫的地步。作品的表現效果自然也難免遜色。新詩自西方引進中國已經七十多年了，這其間不乏高才，但新詩迄今仍未被中國讀者普遍接受，也是一件不可忽視的事實。這與詞的變革和發展情形是迴然不同的。因此我想建議中國新詩人，不妨在與中國傳統詩詞的整合方面，多下點功夫，多吸收一點營養，以開創新詩的盛唐時代。

自兩岸開放文化交流之後，我有幸認識了不少大陸詩人，也拜讀過他們不少的作品。我發現大陸有些詩人在中國傳統詩詞方面很下過功夫。他們對傳統詩詞並不是那麼排斥，其中上海《中國詩人》主編黎煥頤先生更是根基深厚，新詩傳統詩兩門抱的傑出詩人，他在新詩與傳統詩詞的整合方面，頗多貢獻，更見功力。且舉兩詩爲例：

過羊卓雍湖

修長，翠綠。
宛如絕代佳人，
幽居空谷。

溫存而不嫵媚，
綽約而有風骨。
不假胭脂，超塵脱俗。
在群山之間，脱巾獨步……

我沉醉了，完全被她俘虜。
雖然我，不是好色之徒……

假如你問：
我醉到什麼程度？
我醉得忘了太湖，
忘了西湖，就像魚兒一樣
在它水底出沒……

哎！要不是魚鷗亂飛，
野鶩亂舞，
我真會忘卻此時此地
我是在五千公尺的高處！

潯陽秋興

楓葉荻花秋瑟瑟……

千載以前，白居易江湖落魄。
然後，又在落魄之中江頭送客……

千載以後，我跟蹤而來，
不見荻花，不見松葉，
只見潯陽燈火，輝映江天遼闊。

往了——歷史的春花秋月。
來了——秋水共長天一色。
來來往往，亙古風流，
誰主？誰客？誰送？誰接？

天地轉，光陰迫。我和古人，
各有各的歷史潮頭。
各有各的歷史季節。
站在這潮頭之上，看遠天帆影，
心事逐流水，卷起千堆雪……

我是來送客的嗎？
獨自對著江水沉默……
啊！月湧大江，星垂平野，
最多情，莫過於乘風破浪的船舶，
汽笛聲聲、聲聲汽笛，又送又接……

好！該送的要送！該接的要接！
接和送，都理應有選擇……

第一首寫景、抒情，情景融洽，表現了羊卓雍湖的不同流俗。第二首是懷古抒情，借白居易的酒杯，澆作者胸中塊壘，沉鬱、含蓄。詩題亦令人發思古之幽情。兩詩文字之精鍊，節奏之和諧，不下於傳統詩詞，而又脫胎換骨，推陳出新，是新詩與傳統詩詞成功的整合。

黎煥頤整合成功的佳作很多，而〈日月山〉這首詩更具有歷史價值，我以爲是必傳之作。限於篇幅，不再引證。

乙亥（一九九五）元月三日定稿於北投紅塵寄廬

新詩與古典詩詞的整合比較

前言

新詩走了很多岔路，現在還沒有走出一條康莊大道來。反而是一些去了一趟美國又在美國混不下去的，便回來販賣歐美的二、三手貨的「學人」、「詩人」也者的無根作品，大行其道。而臺灣一些未曾讀過中國古典詩詞也未喝過幾年洋水的這個派那個派的詩人，也拾人牙慧地趨炎附勢，且自以爲「前衛」，而搖旗吶喊，使臺灣詩壇烏煙瘴氣了二、三十年。這些「聖之時者也」的詩人，雖占盡了媒體的優勢，可惜並沒有寫出使十幾億的華人認同的詩，連臺灣二千三百萬人也沒有多少人欣賞他們的「大作」，他們還是停在自己寫、自己看的階段，以及半調子的「評論家」瞎起哄。這實在是一場鬧劇，一種可怕的浪費。

他們如再不讀中國古典詩詞，虛心學習中國歷代詩人詞人的作品，甚至不可一世地先將自己定位爲當代的經典詩人，那會不值識者一笑。歷史是最公正的，也是最殘酷的。因此我不惜苦口婆心，好言相勸。在新詩譯成絕律詩的比較觀照之下，高下立見。可以省去新詩人自己摸索十年八年的時間。新詩與傳統詩詞的整合是我的一貫主張，希望此一整合、比較觀照，有助於新詩與古典詩詞的作者，提升創作技巧與思想境界，使新詩與古典詩詞水乳交融，煥發新機，使詩的盛唐時代早日重現。

為免徒託空言，特舉新舊詩的整合比較實例如后：

丁丑（一九九七）一月廿三日於紅塵寄廬

蒼茫　　朱自清／作

遠遠天和地密密地接了。
蒼茫裡有些影子，
大概是些叢樹和屋宇罷？
卻都給煙霧罩著了。

蒼茫　七絕　　畫餅樓主／譯

蒼茫一色地連天，
樹影婆娑四野寒；
倦鳥歸巢人入夢，
遠山飄起霧和煙。

秋

朱自清／作

慘澹的長天扳著臉望下瞧著，
小院裡的兩株亭亭的綠樹掩映著。
一陣西風吹來，
他們的葉子都顫起來了，
髣彿怕搖落的樣子——
西風是報信的？
呀！
颯颯地又下雨了，
葉子被打得格外顫了。
雨裡一個人立著，
不聲不響的，
也在顫著；
好久，
他纔張開兩臂低聲說：
秋天來了！

秋　五律五絕

畫餅樓主／譯

其一

小院雙株樹，亭亭高過屋。
長枝把鳥留，綠葉將窗護。
昨夜起西風，今朝降寒雨。
人生任自然，三界原無住。

其二

落花聲悄悄，微雨立江頭；
舉袂迎風嘯，天涼好個秋。

滬杭道口

朱自清／作

雨兒一絲一絲地下著，
畝畝的田園在雨裡浴著，

一片青黃的顏色越發鮮艷欲滴了！
青的新出的秧針，
一塊塊錯落地鋪著；
黃的割下的麥子，
把把地疊著；
還有深黑色待種的水田，
和青的黃的間著，
好一張彩色花氈呀！

處處小河緩緩地流著，
河上有些窄窄的板橋搭著，
河裡幾隻小船自家橫著，
岸旁幾個人撐著傘走著；
那邊田裡一個農夫，
披了簑，
戴了笠，

慢慢地跟著一隻牛將地犁著，
牛兒走走歇歇，
往前看著。

滬杭道口 七律二首

畫餅樓主／譯

一

絲絲細雨灑春原，雨後江南分外妍。
錯落秧田如地氈，參差花圃似牀單。
金黃麥穗層層疊，銀綠溪流曲曲連。
無限風光觀不盡，滬杭道上好盤桓。

二

小河緩緩向東流，堤上行人堤下舟。
幾處斷橋搭破板，一灘卵石露乾溝。
喜看村女撐花傘，怕見老農趕瘦牛。

莫道江南風景好，幾家歡樂幾家愁？

墨人評注

朱自清教授是早期的散文名家，他的散文和徐志摩的新詩，都是國人比較喜愛的。他們兩位不是「月亮是外國的圓」的詩人和散文作家，他們的作品沒有任何羊騷味。正如林語堂、梁實秋兩位一樣，他們認識的ＡＢＣＤ，不會比今天的買辦詩人、作家少。而且他們也讀了不少中國書，所以他們都不失中國文人本色，沒有挾洋自重。挾洋自重、搖擺於學術與政治之間的是「聖之時者也」的胡適，他是始作俑者。但他的文學成就最差，他只是一位文學運動家，而不是真正的詩人、作家。不過他比今天學他的後生晚輩，其格調則又高出不少。但他畢竟是個「空頭文學家」。文學家（詩人、作家）是靠作品，不是靠政治地位和社會地位的。歷史自然會有公斷。政治地位、社會地位高過李白、杜甫、寒山子、曹雪芹等的人何止千百？但今天那些狀元、進士、王公大臣權貴留下了什麼？又有幾人知道他們？而李、杜、曹雪芹……這些詩人、作家，卻給我們後代子孫留下了豐富的文學遺產，使我們享用不盡。

現在再就朱自清的原作新詩和畫餅樓主譯的絕律詩稍作比較。

先從字數來說，朱的原詩〈蒼茫〉是三十五個字，譯詩七絕是二十八個字，少了七個字。第二首〈秋〉原詩是一百零四個字，譯詩五律是四十個字。五絕是二十個字，共六十個字，少了四十四個字。〈滬杭道上〉原詩是一百六十一個字，譯詩七律二首是一百一十二個字，少了四十九個字。詩是語言文字結構的藝術，在「精煉」、「嚴謹」上來講，新詩比古典絕律詩是累贅、臃腫、鬆散多了！

再從「意象」、「意境」兩方面來看，沒有那麼多的篇幅容許一首首比較，只以〈秋〉這首詩爲例。譯詩五律只有四十個字，第一句就有「院」有「樹」，而且是「小」院「雙株」樹，這種意象何等具體？第二句完全形容了「樹」的高度，「高」過什麼？「高」過「屋」，又是何等具體？化抽象爲具體是高手，化具體爲抽象是笨伯。第三句、第四句有「枝」有「鳥」有「葉」有「窗」，而且「枝」是「長」的不是「短」的，「葉」是「綠」的，不是「黃」的，「長枝」作什麼？「長枝」「留鳥」，「綠葉」作什麼？「綠葉」「護窗」。第五句、第六句以時間「昨夜」、「今朝」和「西風」、「寒雨」，造成「動態」，「變化」，自然表現了「人生無常」、「三界無住」。一切應順其「自然」，不可「執著」。第七句出自道家思想，第八句出自佛家思想。老子、釋迦牟尼兩家思想息息相通，是超物質世界的最高境界，豈止人生境界！不沉潛於佛道思想者那有這種境界？朱自清的原作不僅沒有這種思想境界，意象也比譯詩遜色多了。而第二首譯詩五絕，意象更活潑生動、自然、輕快，充滿了詩情畫意。這也是原詩無法相比的。

從〈秋〉詩的原作和譯詩稍作比較來看，我不是故意「貶」朱自清、或故意「舉」畫餅樓主，而是證明新詩在言語、文字結構的統合運用方法上，學西洋詩是取法乎「下」，不是取法乎「上」，中國語言文字結構之妙，在古典詩詞中表現得淋漓盡致，獨步全世界！而佛道兩家思想，則是提升文學思想境界的不二法門，我們爲什麼不在這方面多努力？爲什麼要一直捧著金飯碗討飯，作乞兒相？

總之，文學除了語言文字的基本條件之外，也重視結構秩序美。不僅文學如此，哲學思想也重視邏輯，原子結構也表現一種秩序美，宇宙星球的運行也遵行一定的軌道，自然有序，否則豈不天下大亂，同歸於盡？這三十年來臺灣文學、新詩，就演過一場大鬧劇，也可以說是一場「文化大革命」。這場大鬧劇，「文化大革命」，造成了大嘔吐，現在雖已過去，但如何善其後？如何恢復文學創作秩序？尤其是詩的創作秩序，是頗費周章的。在小說方面，我於民國五十五年就在臺灣商務印書館出版了《紅樓夢的寫作技巧》，這就是針對那場大鬧劇「文化大革命」寫的，這本書能連銷十版，可以說「吾道不孤」，而且北京中國文聯出版公司也在一九九三年出了大陸版。詩的「防疫」工作，我雖默默地支持了好一段時間，但真正的整合、建設工作還是剛剛開始。「工欲善其事，必先利其器」。「士先器識而後文藝」。希望詩壇、詞壇高手，有識之士，群策群力，使中國詩不但能弘揚過去優美的傳統，而且更能創新，賦予新的生命力。西方人早說過「二十一世紀是中國人的世紀」，我更要說「二十一世紀是中國文學的世紀」！因爲中國文學遺產豐富，潛力雄厚，無與倫比，更非美國的流行文化文學可望其項背。法國人就很有眼光，他們早在十多年前就翻譯出版了寒山子、李白、鄭板橋三位的詩集，因此我說「二十一世紀是中國文學的世紀」。中國文學的命運也是操在我們自己的手裡，不是操在別人的手裡！

丁丑（一九九七）二月十五日晨四時三十五分

晨興　梁上泉／作

幾滴春雨，幾滴鳥聲，
把晨光洗得明明淨淨。
淨美的山村，淨美的人心，
淡了煩悶，濃了詩情。
我的唱和，我的吟詠。
要溪水綠，要滿山青。

晨興　五律　畫餅樓主／譯

晨起步山村，四周多明淨。

小溪伴雨鳴，叢竹和禽詠。
淺草細魚游，桃花人面映。
靜觀復靜聆，恬澹無諍競。

墨人評註

梁上泉先生的新詩，雖然在形式上和近體絕律乃至古體詩完全不同，但在文法結構和思維方式乃至文字、語言運用的方法方面，完全是中國詩歌的縱向傳承，不是西洋詩的橫的移植。只是使用的工具是語體，而非文言，所以毫無異化現象。這種新詩雖然正如畫餅樓主說的「清新可讀」，但也正是現代派詩的作者所不齒，所大力攻擊的焦點，他們對「現代詩」的要求，是和中國傳統詩詞一刀兩斷，沒有任何的瓜葛，完全異化。以「標新立異」爲創作，但本身條件又不夠，所以「創作」出來的「詩」作非驢非馬，「種」是變了，但變成「四不像」。顯然，畫餅樓主翻譯這種縱的傳承的中國新詩，是有力多了，但兩者之間的差異也相對的縮小了。但在思想意境方面還是有不少提升，尤其是最後兩句，自然導入了佛家境界。這又是遠高於文學以上的思想層次。需要在文學以外和修行方面下功夫。

新詩七律比較

重登黃鶴樓（新詩）

墨　人／作

仙人乘黃鶴來了
又乘黃鶴去

詩人崔顥、李白、王維
坐船來了，騎馬來了，走路來了
又一個個乘輿而去

五十年前
我乘難民列車來了
在如雨的炸彈中來了
幸而我沒有炸死

五十年後
我乘波音七四七跨海而來

比乘黃鶴更快

今日的黃鶴樓更大更高
對岸的晴川閣也矗立雲表
可是我兩眼怎樣掃描
也看不見鸚鵡洲的芳草

長江浪，依舊滔滔
雲夢澤水天浩淼
橫跨大江
從你腳下添了一座長橋

一樣的江，一樣的橋
你與潯陽樓
不是兄弟就是姑表

我不是乘黃鶴來的
我很想乘黃鶴歸去

◎新詩七律比較

重登黃鶴樓　七律

墨　人／作

劫後重登黃鶴樓，雁聲啼過楚雲秋。
少年投筆頭堪斷，老大還鄉淚不休；
紅蓼白蘋誰復見？長江漢水自東流。
五十年來如一夢，煙波深處總關愁。

以上〈重登黃鶴樓〉七律，是我一九八八年第一次返鄉探親時，在武昌參觀黃鶴樓後寫的。這時黃鶴樓重建大致完工，長江大橋早已通車，我在黃鶴樓上東望故鄉九江，長江一片滾滾黃流，奔騰而下九江，浪淘盡千古風流人物；北望晴川閣大飯店矗立雲表，而鸚鵡洲卻不見蹤跡，更別說紅蓼白蘋了。此時景象，與我在民國二十七（一九三八）年六、七月的大熱天，從南昌爬上火車箱頂，走走停停地趕到武昌投筆從戎，考前考後都在蛇山躲避日機轟炸，自然也登上黃鶴樓看大江東去，更和在蛇山上看日機濫炸武昌的火光熊熊，濃煙衝天時的情景不一樣；而我搭的那班飛機在武昌機場降落的那天下午（八月二十三日），我一走出海關與迎接的親人相見時，突然想起此日此時正是我到南湖營房入伍生報到整整五十周年的時刻。真巧！事先我完全沒有想到會這麼巧合，當年入伍時更是遞補剛炸死不久的同學空出的番號，更沒有想到能多活五十年又到武昌探親！我這首〈重登黃鶴樓〉七絕是寫實的血淚之作，絕無半點浪漫情懷。而新詩〈重登黃鶴樓〉則是一九九0年我應邀訪問大陸作四十天的「大陸文學之旅」到中途站武昌參觀訪問時寫的。同樣的黃鶴樓，卻是兩種不同的情懷，所以我用兩種不同的詩體，兩種不同的手法來寫。讀者看後也許會產生兩種不同的感覺：新詩浪漫輕快；七律沉痛、鬱卒。如果以字數而論，新詩用了一百九十個字，七律卻只用了五十六個字，少了一百三十八個字。七律在文字方面是精鍊多了。但這是兩種情懷的詩，不宜一概而論。我只是提供詩人們作爲創作參考，或許能擴大一點思想空間和創作空間。

⊘新詩七絕比較

冰河

徐世澤／作

藍天白雲，雪山綠水

深情地擁抱著你
我從萬里外來
探訪你這世間罕見的佳麗

直升機吻著你
傾聽你「格格」的低語
你悄悄地蓮步輕移
一瞬間，你卻發出
崩裂般的隆隆聲
是否你在掙扎呢？

你身著藍白黑綠的花衫
矗立在兩座雪山間
你只微微抖落了一點皮屑
便有刀山、劍壁出現
向四處投射

遊輪就近你的芳澤
發覺你更迷人
和煦的陽光照耀你
使你更美麗
有如彩虹在搖曳
眾人驚呼不已！

一九九七年二月二十六日

冰河 七絕

徐世澤／作

其一

藍天綠水雪峰間，北極海洋兩日閒；
冰島冰山冰摺疊，冰河晶白艷人寰。

其二

冰河起降直升機，黑白墨藍色色奇；
側耳傾聽聲格格，原來是向海洋移。

其三

刀山劍壁滿洋浮，一道彩虹動客舟；
崩裂瞬間天地撼，破冰之旅賞心遊。

墨人評注

〈冰河〉新詩、七絕乃國醫、詩人徐世澤先生三年內遊阿拉斯加冰河、阿根廷冰河，實地觀察後，以在同一時間地點觀察所得印象，用兩種不同形式，體裁分別寫成，請我評比。同一題材，同一人手筆的新詩，七絕，無論修詞、氣韻、境界，差別都不太大，但是新詩一首共一百五十六字，七絕三首共八十四字，共少七十三字。效果也好多了。而畫餅樓主所譯朱自清、徐志摩、聞一多三人新詩，既隔時代，又非一人兼飾兩角，故彼此之間無論是修詞、氣韻、境界，均差異甚多，尤其是思想境界，更有天壤之別。爲便於讀者比較，希望造成新詩、古典詩的雙贏局面（這是我的一貫理想），因此在我讀過徐先生的一首新詩，三首七絕之後，立即草成一首綜合七絕，並在詩後稍加註解，以供參考。

冰河 七絕

墨 人／作

白雪藍天兼綠水，彩虹一道繫孤舟。
冰山劍壁如泡影，芥子須彌共一漚。

附註：一、二兩句完全寫冰河景象，第三句寫景兼寫意，第四句完全寫意。而三、四兩句均出自佛經。《金剛經》云：「一切有為法，如夢幻泡影，如露亦如電，應作如是觀。」又謂「以三千大千世界碎為微塵」，亦一沙一世界，世界一微塵。「若世界實有者則是一合相」。芥子須彌，須彌芥子，故共一漚也。此首七絕僅二十八個字。

丁丑（一九九七）五月二十日於紅塵寄廬

兼收並蓄相輔相成

自一九一九年「五四」新文學運動開始算起，新詩自西方移植到中國，反客為主以來，接近八十年了。由於庚子年八國聯軍徹底打垮了中國人的民族自尊心和自信心，連中國文學，尤其是古典詩詞也受了池魚之殃，使新詩人棄之如敝屣。當初胡適那一輩的新詩人，雖趕時髦，隨波逐流，但不至於連四聲平仄都不懂，有些還會寫，如魯迅、郭沫若輩，總算是新派人物，是很「前衛」的了，但他們兩位的絕律詩就寫得不錯。而三十年代以後的作家和新詩人，會寫絕律詩的就很少了。即以兩岸最熟悉，我對他的作品和人品都同樣敬重的詩人艾青而言，我就沒有看過他一首絕律詩，一九九0年我在北京協和醫院探病時，他給我題詞留念的是「海內存知己，天涯若比鄰。」而不是他自己的句子。反而是我到了上海，上海作家協會副主席新詩人羅洛，卻題了一首五言絕句：「相逢申江畔，閒話文與詩。青山永不老，天涯共此時。」上海新詩人而且是頗受大陸重視的《中國詩人》新詩刊主編黎煥頤，也即席題了「海內何妨存異己，人間難得是真情。」這都是即情即景的題詞，使我大為驚喜。反觀臺灣的新詩人，愈年輕愈「前衛」，不但連四聲平仄都很少人懂，有的甚至以不堪入目的髒話入詩，這真令人氣結了。連所謂的「公車詩」，也難得有一兩首入流的作品。古典詩詞的那種精鍊、高雅、含蓄、優美的韻味就更別談了。

我寫新詩寫了六十年，但我從未鄙視古典詩詞，從未覺得古典詩詞落伍，從未將古典詩詞當作從前女人的臭裹腳布，男人腦後的「豬尾巴」，冬烘先生或李鴻章的痰盂、尿壺一樣拋棄。我反而將詩詞當作中國許多聚寶盆中的兩個。因此於民國七十六年便在臺灣商務印書館出版了《全唐詩尋幽探微》並附本人絕律詩集。七十八年又出版了《全唐宋詞尋幽探微》並附本人詩餘。我為什麼這樣「逆勢而為」？正如我寫大長篇《紅塵》一樣的「不識時務」。我實在不希望看到優美、含蓄而又有思想深度的中國文學在我有生之年就被美國的「速食文化」、「流行文化」完全毀掉。因為在二十多年前，我早就發現我執教的東吳大學二年級班上只有一位女生看過《紅樓夢》，而那位女生竟是全班作文最好的一位。以後連一位看過《紅樓夢》的學生都找不到了，我怎不心驚？怎不感歎？我並非厚古薄今，我只重價值判斷。所以我不像許多新詩人和古典詩詞「一刀兩斷」那樣絕情，也不像古典詩人詞人那樣鄙視新詩。我既未因寫新詩而放棄古典詩詞的閱讀和寫作，也未因愛古典詩詞而完全否定新詩，對我來說兩者並無衝突，我對新詩還是寄以厚望的。我期望的是新詩與古典詩詞的「整合」。因此在一九九四年於臺灣召開的世界詩人大會上，我雖未出席會議，參與討論，但我提出了一篇論文：〈中國新詩與傳統詩詞的整合〉。當時由一位女詩人代為宣讀，後來我將此文收入一九九五年由文史哲出版社出版的《墨人半世紀詩選》中。

這五、六十年來，我對新詩的立場從未改變，我對中國古典文學的信心也從未動搖。我也從來不搞小圈圈小派系，以之互吹互捧，黨同伐異。但三、四十年來，總有人不斷地向我放暗箭，我也不在意，我還是「和而不同」。我能盡一分力量，就盡一分力量。否則我就讀我該讀的書，做我該做的事。這次《乾坤》詩刊創刊，請我盡一分力量，我也盡一分力量。我一向樂於成人之美，絕不成人之惡。我對詩的態度已在〈中國新詩與傳統詩詞的整合〉文中說得很清楚。本文最後也只有兩句話：

「新詩與古典詩詞不能一刀兩斷，兼收並蓄相輔相成最好。」

丙子（一九九六）十月二十九日於北投紅塵寄廬

原載一九九七年一月出版的《乾坤》詩刊創刊號

一九九七年二月二日上海《文匯報》筆匯副刊關欄轉載

庚辰（二〇〇〇）三月五日校正

墨人博士著作書目（校正版）

書目	類別	出版者	出版時間
一、自由的火焰（與《山之禮讚》合併）	詩集	自印（左營）	民國三十九年（一九五〇）
二、哀祖國（易名《墨人新詩集》）	詩集	大江出版社（臺北）	民國四十一年（一九五二）
三、最後的選擇	短篇小說	百成書店（高雄）	民國四十二年（一九五三）
四、閃爍的星辰	長篇小說	大業書店（高雄）	民國四十二年（一九五三）
五、黑森林	長篇小說	香港亞洲社	民國四十四年（一九五五）
六、魔障	長篇小說	暢流半月刊（臺北）	民國四十七年（一九五八）
七、孤島長虹（全集中易名爲富國島）	長篇小說	文壇社（臺北）	民國四十八年（一九五九）
八、古樹春藤	中篇小說	九龍東方社	民國五十一年（一九六二）
九、花嫁	短篇小說	九龍東方社	民國五十三年（一九六四）
一〇、水仙花	短篇小說	長城出版社（高雄）	民國五十三年（一九六四）
一一、白夢蘭	短篇小說	長城出版社（高雄）	民國五十三年（一九六四）
一二、颱風之夜	短篇小說	長城出版社（高雄）	民國五十三年（一九六四）

一三、白雪青山　長篇小說　長城出版社（高雄）　民國五十四年（一九六五）
一四、春梅小史　長篇小說　長城出版社（高雄）　民國五十四年（一九六五）
一五、洛陽花似錦　長篇小說　長城出版社（高雄）　民國五十四年（一九六五）
一六、東風無力百花殘　長篇小說　長城出版社（高雄）　民國五十四年（一九六五）
一七、合家歡　長篇小說　臺灣省新聞處（臺中）　民國五十四年（一九六五）
一八、紅樓夢的寫作技巧　文學理論　臺灣商務印書館（臺北）　民國五十五年（一九六六）
一九、塞外　短篇小說　臺灣商務印書館（臺北）　民國五十五年（一九六六）
二〇、碎心記　長篇小說　小說創作社（臺北）　民國五十六年（一九六七）
二一、靈姑　長篇小說　小說創作社（臺北）　民國五十七年（一九六八）
二二、鱗爪集　散　文　水牛出版社（臺北）　民國五十七年（一九六八）
二三、青雲路　短篇小說　臺灣商務印書館（臺北）　民國五十八年（一九六九）
二四、變性記　短篇小說　臺灣商務印書館（臺北）　民國五十八年（一九六九）
二五、龍鳳傳　長篇小說　幼獅書店（臺北）　民國五十九年（一九七〇）
二六、火樹銀花　長篇小說　立志出版社（臺北）　民國五十九年（一九七〇）
二七、浮生集　散　文　聞道出版社（臺南）　民國六十一年（一九七二）
二八、墨人詩選　詩　集　臺灣中華書局（臺北）　民國六十一年（一九七二）
二九、鳳凰谷　長篇小說　臺灣中華書局（臺北）　民國六十一年（一九七二）

三〇、墨人短篇小說選	短篇小說	臺灣中華書局（臺北）	民國六十一年（一九七二）
三一、斷腸人	短篇小說	臺灣學生書局（臺北）	民國六十一年（一九七二）
三二、詩人革命家胡漢民傳	傳記小說	近代中國社（臺北）	民國六十七年（一九七八）
三三、心猿	長篇小說	學人文化公司（臺北）	民國六十八年（一九七九）
三四、山之禮讚	詩　集	秋水詩刊（臺北）	民國六十九年（一九八〇）
三五、心在山林	散　文	中華日報社（臺北）	民國六十九年（一九八〇）
三六、墨人散文集	散　文	學人文化公司（臺中）	民國六十九年（一九八〇）
三七、山中人語	散　文	臺灣商務印書館（臺北）	民國七十二年（一九八三）
三八、花市	散　文	江山出版社（臺北）	民國七十四年（一九八五）
三九、三更燈火五更雞	散　文	江山出版社（臺北）	民國七十四年（一九八五）
四〇、墨人絕律詩集	詩　集	臺灣商務印書館（臺北）	民國七十六年（一九八七）
四一、全唐詩尋幽探微	文學理論	臺灣商務印書館（臺北）	民國七十六年（一九八七）
四二、第二春	短篇小說	采風出版社（臺北）	民國七十七年（一九八八）
四三、全唐宋詞尋幽探微	文學理論	臺灣商務印書館（臺北）	民國七十八年（一九八九）
四四、小園昨夜又東風	散　文	黎明文化公司（臺北）	民國八　十年（一九九一）
四五、紅塵（上、中、下三卷）	長篇小說	臺灣新生報社（臺北）	民國八　十年（一九九一）
四六、大陸文學之旅	散　文	文史哲出版社（臺北）	民國八十一年（一九九二）

四七、紅塵續集	長篇小說	臺灣新生報社（臺北）	民國八十二年（一九九三）
四八、墨人半世紀詩選	詩　選	文史哲出版社（臺北）	民國八十四年（一九九五）
四九、張本紅樓夢（上下兩巨冊）	修訂批註	湖南出版社（長沙）	民國八十五年（一九九六）
五〇、紅塵心語	散　文	圓明出版社（臺北）	民國八十五年（一九九六）
五一、年年作客伴寒窗	散　文	中天出版社（臺北）	民國八十六年（一九九七）
五二、全宋詩尋幽探微	文學理論	文史哲出版社（臺北）	民國八十九年（二〇〇〇）
五三、墨人詩詞詩話	詩詞・理論	詩藝文出版社（臺北）	民國八十九年（二〇〇〇）
五四、娑婆世界（定本）	長篇小說	昭明出版社（臺北）	民國八十八年（一九九九）
五五、白雪青山（定本）	長篇小說	昭明出版社（臺北）	民國八十九年（二〇〇〇）
五六、滾滾長江（定本）	長篇小說	昭明出版社（臺北）	民國八十九年（二〇〇〇）
五七、春梅小史（定本）	長篇小說	昭明出版社（臺北）	民國八十九年（二〇〇〇）
五八、紫燕（定本）	長篇小說	昭明出版社（臺北）	民國九　十年（二〇〇一）
五九、紅樓夢的寫作技巧（定本）	文學理論	昭明出版社（臺北）	民國九　十年（二〇〇一）
六〇、紅塵六卷（定本）	長篇小說	昭明出版社（臺北）	民國九　十年（二〇〇一）
六一、紅塵法文本	巴黎友豐（you fong）書局出版		二〇〇四年初版

附　註：

▲北京中國文聯出版社　二〇〇三年出版　大陸教授羅龍炎・王雅清合著《紅塵》論專書

▲臺北市昭明出版社出版墨人一系列代表作，長篇小說《娑婆世界》、一百九十多萬字的空前大長篇《紅塵》（中法文本共出五版）暨《白雪青山》（兩岸共出六版）、《滾滾長紅》、《春梅小史》、《紫燕》，短篇小說集、文學理論《紅樓夢的寫作技巧》（兩岸共出十四版）等書。臺灣中華書局出版的《墨人自選集》共五大冊，收入長篇小說《白雪青山》、《靈姑》、《鳳凰谷》、《江水悠悠》（爲《東風無力百花殘》易名）、《短篇小說・詩選》合集。《哀祖國》及《合家歡》皆由高雄大業書店再版。臺北詩藝文出版社出版的《墨人詩詞詩話》創作理論兼備，爲「五四」以來詩人、作家所未有者。

▲臺灣商務印書館於民國七十三年七月出版先留英後留美哲學博士程石泉、宋瑞等數十人的評論專集《論墨人及其作品》上、下兩冊。

▲《白雪青山》於民國七十八年（一九八九）由臺北大地出版社第三版。

▲臺北中國詩歌藝術學會於一九九五年五月出版《十三家論文》論《墨人半世紀詩選》。

▲《紅塵》於民國七十九年（一九九〇）五月由大陸黃河文化出版社出版前五十四章（香港登記，深圳市印行）。大陸因未有書號未公開發行僅供墨人「大陸文學之旅」時與會作家座談時參考。

▲北京中國文聯出版公司於一九九二年十二月出版長篇小說《春梅小史》（易名《也無風雨也無晴》）；一九九三年四月出版《紅樓夢的寫作技巧》。

▲北京中國社會科學出版社於一九九四年出版散文集《浮生小趣》。

▲北京群眾出版社於一九九五年一月出版散文集《小園昨夜又東風》；一九九五年十月京華出版社出

版長篇小說《白雪青山》大陸版，第一版三千冊，一九九七年八月再版一萬冊。

▲長沙湖南出版社於一九九六年一月初出版墨人費時十多年精心修訂批註的《張本紅樓夢》，分上下兩大冊精裝一萬一千套。立即銷完、因未經墨人親校，難免疏失，墨人未同意再版。

Mo Jen's Works

1950 *The Flames of Freedom*（poems）《自由的火焰》

1952 *Lament for My Mother Country*（poems）《哀祖國》

1953 *Glittering Stars*（novel）《閃爍的星辰》

The Last Choice（short stories）《最後的選擇》

1955 *Black Forest*（novel）《黑森林》

The Hindrance（novel）《魔障》

The Rainbow and An Isolated Island（novel）《孤島長虹》（全集中易名爲富國島）

1963 *The spring Ivy and Old Tree*（novelette）《古樹春藤》

1964 *Narcissus*（novelette）《水仙花》

A Typhonic Night（novelette）《颱風之夜》

Ms.Pei Mong-lan（novelette）《白夢蘭》

The Joy of the Whole Family（novel）《合家歡》

Flower Marriage（novelette）《花嫁》

1965 *White Snow and Green Mountain*（novel）《白雪青山》

The Short Story of Miss Chung Mei（novel）《春梅小史》

The Powerless Spring Breeze and Faded Flowers（novel）《東風無力百花殘》(《江水悠悠》)

Flower Blossom in Loyang（novel）《洛陽花似錦》

1966 *The Writing Technique of the Dream of Red Chamber*（literature theory）《紅樓夢的寫作技巧》

Out of The Wild Frontier（novelette）《塞外》

1967 *A Heart-broken Story*（novel）《碎心記》

1968 *Miss Clever*（novel）《靈姑》

Trifle（prose）《鱗爪集》

1969 *The Road to Promotion*（novelette）《青雲路》

1970 *A Sex-change Story*（novelette）《變性記》

The Biography of the Dragon and the Phoenix（novel）《龍鳳傳》

1971 *A Brilliantly lighted Garden*（novel）《火樹銀花》

1972 *My Floating Life*（prose）《浮生記》

Selection of Mo Jen's Poems《墨人詩選》

A Heart-broken Woman（novelette）《斷腸人》

Phoenix Valley（novel）《鳳凰谷》

Mo Jen's Works（five volumes）《墨人自選集》

Selection of Mo Jen's short stores《墨人短篇小說選》

1978 *Hu Han-ming, the Poet and Revolutionist*（novel）《詩人革命家胡漢民》

1979 *The Mokey in the Heart*（i.e. The Purple Swallow renamed）《心猿》

1980 *The Hermit*（prose）《心在山林》

A Collection of Mo Jen's Prose（prose）《墨人散文集》

A Praise to Mountains（poems）《山之禮讚》

1983 *Mountaineer's Remarks*（prose）《山中人語》

1985 *My Candle Burns at Both Ends*（prose）《三更燈火五更雞》

Flower Market（prose）《花市》

1986 *A Mundane World*（novel, four volumes, over 1.9 million words）《紅塵》

1987 *Remarks on All Poems of the Tang Dynasty*（theory）《全唐詩尋幽探微》

1988 *Remarks On All Tsyr*（prose poem）*of the Tang and Sung Dynasties*（theory）《全唐宋詞尋幽探微》

1991 *The Breeze That Came From The East Last Night in My Little garden Again*（prose）《小園昨夜又東風》

1992 *Travel for Literature in Mainland China*（prose）《大陸文學之旅》

1995 *Selection of Mo Jen's Poems, 1992-1994*《墨人半世紀詩選》

1996 *I'll look upon the World*《紅塵心語》

Chang Edition of the Dream of Red Chamber《張本紅樓夢》（修訂批註）

1997 *Cherish thy guests and the Muses*《年年作伴寒窗》

1999 *Saha Shih Gai*《娑婆世界》

1999 *Remarks on All Poems of the sung Dynasties*《全宋詩尋幽探尋》

1999 *Mo Jen's Classical Poems and Prose Poems*《墨人詩詞詩話》

2004 *Poussiere Rouge*《紅塵》法文譯本

墨人博士創作年表（二〇〇五年增訂）

年度	年齡	發表出版作品及重要文學紀錄摘要
民國二十八年己卯（一九三九）	十九歲	在東南戰區《前線日報》發表〈臨川新貌〉。淪陷區著名的上海《大美晚報》隨即轉載。
民國二十九年庚辰（一九四〇）	二十歲	在《前線日報》發表〈希望〉、〈路〉等新詩作品。
民國三十年辛巳（一九四一）	二十一歲	在《前線日報》發表〈評夏伯陽〉書評等文。
民國三十一年壬午（一九四二）	二十二歲	在各大報發表〈苦難的行列〉、〈贛州禮讚〉（長詩）、〈老船夫〉、〈盲歌者〉、〈自己的晚歌〉、〈抹去那怯弱的眼淚吧〉、〈生命之歌〉、〈快割鳥〉、〈鶚鷹與雲雀〉等詩及散文多篇。
民國三十二年癸未（一九四三）	二十三歲	在各大報發表長詩〈鋤奸隊長〉、〈搜索連長〉、〈遙寄〉、〈寫在第七個七七〉、〈父親〉、〈受難的女神〉、〈城市的夜〉及〈火把〉、〈擊柝者〉、〈橋〉、〈古鐘〉、〈汽笛〉、〈山居〉、〈沙灘〉、〈夜行者〉、〈孤芳〉、〈蚊蟲〉、〈蒼蠅〉、〈園圃〉、〈陽光〉、〈深秋〉、〈贈某詩人兼寫自己〉、〈哀亡命詩人〉、〈自供〉、〈白屋詩抄〉、〈哀歌〉、〈生活〉、〈給偶像崇拜者〉、〈戰書〉、〈燈下獨白〉、〈夜歸〉、〈失眠之夜〉、〈悼〉、〈殘英〉、〈黃昏曲〉、〈補綴〉、〈復活的季節〉〈擬戀歌〉、〈晨雀〉、〈春耕〉、〈天空的搏鬥〉等長短抒情詩。另發表散文及短篇小說多篇。

民國三十三年甲申（一九三九）	二十四歲	發表〈山城草〉五首及〈沒有褲子穿的女人〉、〈襤褸的孩子〉、〈駝鈴〉、〈無聲的哭泣〉、〈長夜草〉、〈春夜〉、〈擬某女演員〉、〈蛙聲〉、〈麥笛〉等詩及散文多篇。
民國三十四年乙酉（一九四五）	二十五歲	發表〈最後的勝利〉及〈煉獄裏的聲音〉、〈神女〉、〈問〉等長詩與散文多篇。
民國三十五年丙戌（一九四六）	二十六歲	發表〈夢〉、〈春天不在這裡〉等詩及散文多篇。
民國三十六年丁亥（一九四七）	二十七歲	發表〈冬天的歌〉、〈流浪者之歌〉、〈手杖、煙斗〉及長詩〈上海抒情〉等與散文多篇。
民國三十七年戊子（一九四八）	二十八歲	主編軍中雜誌、撰寫時論，均不署名。
民國三十八年己丑（一九四九）	二十九歲	七月渡海抵臺，發表〈呈獻〉、〈滿妹〉，及長詩〈自由的火燄〉、〈人類的宣言〉等及散文多篇。
民國三十九年庚寅（一九五〇）	三十歲	發表〈站起來，揑死他！〉、〈滾出去，馬立克！〉、〈英國人〉、〈海洋頌〉等詩。出版《自由的火燄》詩集。
民國四十年辛卯（一九五一）	三十一歲	發表〈春晨獨步〉、〈炫與殉〉、〈悼三閭大夫屈原〉、〈詩聯隊〉、〈心靈之歌〉、〈子夜獨唱〉、〈真理、愛情〉、〈友情的花朵〉、〈啊，西風啊！〉、〈歲暮吟〉、〈師生〉、〈往事〉、〈天書〉、〈歷程〉、〈雨天〉、〈火車飛馳在海岸浪上〉、〈帶路者〉、〈送第一艦隊出征〉等詩，及〈哀祖國〉長詩。
民國四十一年壬辰（一九五二）	三十二歲	發表〈未完成的想像〉、〈廊上吟〉、〈窗下吟〉、〈白髮吟〉、〈秋夜輕吟〉、〈秋訊〉、〈渴念，追求〉、〈寂寞、孤獨〉、〈冬眠〉、〈我想把你忘記〉、〈想念〉、〈成人的悲歌〉、〈訴〉、〈詩人〉、〈詩〉、〈貝絲〉、「春天的懷念」五首，〈和風〉、〈夜雨〉、〈臺灣海峽的霧〉等及散文、短篇小說多篇。出版《哀祖國》詩集。

民國四十二年癸巳（一九五三）	三十三歲	發表〈寄台北詩人〉等詩及散文短篇小說多篇。高雄百成書店出版短篇小說集《最後的選擇，收入〈華玲〉、〈生死戀〉、〈梅蘭馨〉、〈敵人的故事〉、〈最後的選擇〉、〈蔣復成〉、〈姚醫生〉等七篇。大業書店出版長篇小說《閃爍的星晨》一、二兩冊。
民國四十三年甲午（一九五四）	三十四歲	發表〈雪萊〉、〈海鷗〉、〈鳳凰木〉、〈流螢〉、〈鵝鑾鼻〉、〈海邊的城〉、〈長夏小唱〉及散文、短篇小說多篇。
民國四十四年乙未（一九五五）	三十五歲	發表〈雲〉、〈F-86〉、〈題GK〉等詩及散文、短篇小說多篇。香港亞洲出版社出版長篇小說《黑森林》，並獲中華文獎會國父誕辰長篇小說第二獎（第一獎從缺）。
民國四十五年丙申（一九五六）	三十六歲	發表〈四月〉等詩及散文、短篇小說多篇。
民國四十六年丁酉（一九五七）	三十七歲	發表〈月亮〉、〈九月之旅〉、〈雨和花〉等詩及長篇小說《魔障》。
民國四十七年戊戌（一九五八）	三十八歲	暢流半月刊雜誌社出版長篇連載小說《魔障》。
民國四十八年己亥（一九五九）	三十九歲	發表短篇小說、散文多篇。文壇雜誌社出版長篇小說《孤島長虹》（全集中易名爲《富國島》）。
民國四十九年庚子（一九六〇）	四十歲	發表〈橫貫小唱〉等詩及散文、短篇小說多篇。
民國五十年辛丑（一九六一）	四十一歲	發表〈熱帶魚〉、〈豎琴〉、〈水仙〉等詩及短篇小說甚多。奧國維也納納富出版公司編選的《世界最佳小說選》選入短篇說〈馬腳〉，同時入選者有諾貝爾文學獎得主威廉福克納、拉革克菲斯特等世界各國名作家作品。

民國五十一年壬寅（一九六二）	四十二歲	發表〈青鳥〉、〈兩腳獸〉、〈晚會〉、〈祈禱〉等詩及短篇小說甚多。奧國維也納納富出版公司又將短篇小說《小黃》（以江州司馬筆名撰寫者）選入《世界最佳小說選》，同時入選者有諾貝爾獎得主蕭洛霍夫，郭沫若及世界各國名作家作品。
民國五十二年癸卯（一九六三）	四十三歲	香港九龍東方文學出版社出版中篇小說《古樹春藤》。發表短篇小說、散文甚多。
民國五十三年甲辰（一九六四）	四十四歲	香港九龍東方文學社出版短篇小說集《花嫁》，收入〈教師爺〉、〈劉二爹〉、〈二媽〉、〈異鄉人〉、〈花嫁〉、〈扶桑花〉、〈南海屠鮫〉、〈高山曲〉、〈古寺心聲〉、〈誘惑〉、〈隱情〉、〈美珠〉、〈新苗〉、〈心聲淚影〉等十四篇。高雄長城出版社出版中短篇小說集《水仙花》，收入〈水仙花〉、〈銀杏表嫂〉、〈圓房記〉、〈江湖兒女〉、〈天鵝〉、〈賭徒〉、〈搶親〉、〈黃龍〉、〈風雪歸人〉、〈花子老趙〉、〈景雲寺的居士〉、〈人與樹〉、〈過客〉、〈阿婆〉、〈馬腳〉、〈小黃〉等十六篇。高雄長城出版社出版中短篇小說集《白夢蘭》。收入〈情敵〉、〈空手〉、〈師生〉、〈斷夢〉、〈黃昏曲〉、〈白夢蘭〉、〈平安夜〉、〈凱塞琳、萊蒙托夫與我〉、〈陽春白雪〉、〈亂世佳人〉、〈傷心之旅〉、〈白衣清淚〉、〈護士與病人〉、〈如夢記〉、〈除夕〉等十五篇。　高雄長城出版社出版《中華日報》連載的二十五萬字長篇小說《白雪青山》。　發表短篇小說、散文甚多。
民國五十四年乙巳（一九六五）	四十五歲	高雄長城出版社出版連載長篇小說《洛陽花似錦》、《春梅小史》、《東風無力百花殘》三部。　發表短篇小說、散文甚多。省政府新聞處出版長篇小說《合家歡》。
民國五十五年丙午（一九六六）	四十六歲	是年五月赴馬尼拉華僑文教講習會講授「紅樓夢的寫作技巧」及新詩課程一個月。商務印書館出版文學理論專著《紅樓夢的寫作技巧》，全書共十五萬字。商務印書館出版中短篇小說集《塞外》。收入〈塞外〉、〈鬍子〉、〈百合花〉、〈天山風雲〉、〈白金龍〉、〈白狼〉、〈秋圃紫鵑〉、〈曹萬秋的衣缽〉、〈半路夫妻〉、〈百鳥聲喧〉、〈風竹與野馬〉、〈美人計〉、〈夜襲〉、〈花燭劫〉等十四篇。

民國五十六年丁未（一九六七）	四十七歲	發表短篇小說、散文甚多。 小說創作社出版連載長篇小說《碎心記》。
民國五十七年戊申（一九六八）	四十八歲	小說創作社出版《中華日報》連載長篇小說《靈姑》。水牛出版社出版散文集《鱗爪集》，收入〈家鄉的魚〉、〈家鄉的鳥〉、〈雪天的懷念〉、〈秋山紅葉〉、〈學問與創作之間〉等散文七十六篇、舊詩三首。
民國五十八年己酉（一九六九）	四十九歲	商務印書館出版中短篇小說集《青雲路》。收入〈世家子弟〉、〈青雲路〉、〈空棺記〉、〈久香〉等四篇。
民國五十九年庚戌（一九七〇）	五十歲	商務印書館出版中短篇小說集《變性記》。收入〈變性記〉、〈嬌客〉、〈歲寒圖〉、〈泥龍〉、〈祖孫父子〉、〈秋風落葉〉、〈老夫老妻〉、〈恩愛夫妻〉、〈布販與偷雞賊〉、〈芳鄰〉、〈沙漠王子〉、〈沙漠之狼〉、〈世界通先生〉、〈寶珠的祕密〉、〈奇緣〉等十五篇。 幼獅文化事業公司出版長篇小說《龍鳳傳》。臺北立志出版社出版長篇《火樹銀花》出版全集時易名《同是天涯淪落人》。
民國六十年辛亥（一九七一）	五十一歲	立志出版社出版長篇小說《火樹銀花》。 發表散文多篇及在高雄《新聞報》連載長篇小說《紫燕》。
民國六十一年壬子（一九七二）	五十二歲	聞道出版社出版散文集《浮生集》。收入〈文藝的危機〉、〈貝克特高風〉、〈五十年華〉等散文十三篇，舊詩六首。學生書局出版短篇小說散文合集《斷腸人》。收入短篇小說〈斷腸人〉、〈薇薇〉、〈相見歡〉、〈滄桑記〉、〈恩怨〉、〈夜宴〉等七篇及散文〈文學系與文學創作〉、〈大學國文教學我見〉、〈作家之死〉等十五篇。　中華書局出版《墨人自選集》五大冊。包括長篇小說《白雪青山》、《靈姑》、《鳳凰谷》、《江水悠悠》（《東風無力百花殘》易名）及《短篇小說、詩選》（精選短篇小說二十八篇，抒情詩一〇六首），共一百五十萬字。
民國六十二年癸丑（一九七三）	五十三歲	發表散文多篇。 列入英國劍橋國際傳記中心（International Biographical Centre Cambridge England）出版的《國際詩人名錄》（*International Who's Who in Poetry. 1973*）。

民國六十三年甲寅（一九七四）	五十四歲	出席第二屆世界詩人大會。 發表散文多篇。
民國六十四年乙卯（一九七五）	五十五歲	列入正中書局出版的《中華民國文藝史》（1975）。發表〈臺北的黃昏〉新詩一首及散文多篇。
民國六十五年丙辰（一九七六）	五十六歲	列入英國劍橋國際傳記中心出版的 *Men of Achievement. 1976* 發表〈歷史的會晤〉新詩及散文、短篇小說多篇。
民國六十六年丁巳（一九七七）	五十七歲	應 I.B.C 邀請於三月間赴義大利翡冷翠出席國際文藝交流大會（The 3rd I.B.C. Intemational Congress on Arts and Communications）。會後環遊世界。發表〈羅馬之雲〉、〈羅馬之松〉、〈翡冷翠的女郎〉、〈翡冷翠之柳〉、〈塞納河〉等詩及羅馬掠影」、〈單城記〉、〈威尼斯之旅〉、〈藝術之都翡冷翠〉、〈西雅奈與比薩斜塔〉、〈美國行〉、〈江戶、皇宮、御苑〉、〈環球心影〉等遊記。 在《中國時報》發表有關中國文化論文〈中國文化的三條根〉，在《新生報》發表〈文藝界的『洋』瘋癲〉等多篇。
民國六十七年戊午（一九七八）	五十八歲	近代中國社出版長篇傳記小說《詩人革命胡漢民傳》。 列入英國劍橋國際傳記中心出版的《國際名人辭典》（*Dictionary of International Biogaphy.1978*）。《國際知識分子名錄》(*International Who's Who of Intellectual.1978*、《國際人名剪影》 *International Register of Profiles*）、《國際社會名人錄》（*International Who's Who in Community Service*），發表〈六月之荷〉詩一首。 在各報發表〈中國文化的宇宙觀〉、〈中國文化的真面目〉、〈文化、社會形態與當代文學創作（爲亞洲文學會議而作）〉、〈人與宇宙自然法則〉等。 出席亞洲文學會議。　列入中華書局出版的《中華民國當代名人錄》（*Who's Who of R.O.C. 1978*）　列入行政院新聞局編印的一九七八年英文《中華民國年鑑名人錄》（*China Yearbook Who's Who*）。

民國六十八年己未（一九七九）	五十九歲	學人文化事業有限公司出版長篇小說《心猿》（《紫燕》易名）。發表短篇小說〈春〉、〈杏林之春〉、長詩〈哀吉米・卡特〉及〈山之禮讚〉五首。短篇〈客從故鄉來〉、〈人瑞〉。理論〈中國古典小說戲劇〉、〈抗戰文學的整理與再創作〉（《中央日報》）等多篇。
民國六十九年庚申（一九八〇）	六十歲	秋水詩刊社出版詩集《山之禮讚》、收集六十四年以後新詩四十四首及七言絕律詩十首。　中華日報社出版散文集《心在山林》、收集〈花甲雲中過〉、〈老當益壯〉、及抒情寫景散文數十篇。 臺中學人文化事業出 版有限公司出版《墨人散文集》收集〈文化、社會形態與當代文學創作〉、〈人與宇宙自然法則〉、〈中國文化的三條根〉、〈宇宙爲心人爲本〉、〈文藝界的『洋』瘋癲〉等理論性散文數十篇。 在《中央日報・副刊》發表〈紅樓夢研究的正確方向〉，《中華日報・副刊》發表〈人生六十樹常青〉，《青年戰士報・新文藝副刊》發表〈山中人語〉專欄文章〈山水之間〉、〈生命長短價值觀〉、〈寶刀未老〉、〈七進七出鬼門關〉、〈報人甘苦〉、〈杏壇生涯〉等。 接受《大華晚報》採訪組副主任程榕寧兩次訪問，一爲談胡漢民生平，一爲談《易經》、《道德經》、命學，並發表〈醫學命學與人生〉專文。
民國七十年辛酉（一九八一）	六十一歲	繼續撰寫《山中人語》專欄。 應臺中市《自由日報》特約撰寫《浮生小記》專欄。 應行政院新聞局邀請參觀本省農漁畜牧事業單位，並在《中央日報》發表〈人在福中〉散文。 接受臺灣廣播公司《成功之路》節目訪問，於四月廿七日晚八時半播出。 在高雄《新聞報》發表〈撥亂反正說紅樓〉（六月十七、十八日）論文。
民國七十一年壬戌（一九八二）	六十二歲	九月赴漢城出席第二屆中韓作家會議，並在東京參加中日作家會議，曾暢遊南韓、北海道、大阪至東京名勝地區，歸後撰寫〈韓國掠影〉、〈秋遊北海道〉，發表於《中央日報》。 列入中華民國名人傳記中心出版的《中華民國現代名人錄》。

		列入英國劍橋國際傳記中心出版的《傑出男女傳記》（*Men and Women of Distinction*）並附照片。 列入美國 MarQuis 公司出版的《世界名人錄》（*Who's Who in the World*）第六版。 接受義大利藝術大學授予的文學功績證書。
民國七十二年癸亥（一九八三）	六十三歲	商務印書館出版散文集《山中人語》，收集散文七十篇。
民國七十三年甲子（一九八四）	六十四歲	商務印書館出版《論墨人及其作品》上、下兩冊，包括評論文章六十餘篇。 列入義大利 Accademia Itlia 出版英、法、德、義四種文字的《國際文學史》（*The History of International Literature*）及《百科全書：當代人物（*The Encyclopadeia: Contemporary Personalities*）。 端午節（六月四日）開筆撰寫已構思準備十餘年的一百餘萬字的大長篇小說《紅塵》，年底完成初稿四十餘萬字。 十月在韓國漢城舉行的第四屆中韓作家會議，事忙未能出席，但提出一萬餘字的論文〈古典與現代〉一篇。
民國七十四年乙丑（一九八五）	六十五歲	由江山出版社出版《三更燈火五更雞》、《花市》散文集等兩本，前者收入散文、理論二十四篇，後者收入散文遊記二十七篇。 八月一日退休，專心寫作《紅塵》，於十二月底完成九十二章，告一段落，共一百二十萬字，超出《紅樓夢》十餘萬字，內有絕律詩（聯）三十一首。
民國七十五年丙寅（一九八六）	六十六歲	年初開始研讀《全唐詩》，撰寫《全唐詩尋幽探微》，十一月完成，共十二萬餘字，一面在《新聞報・西子灣》發表，並連同歷年所作絕律詩三十七首，定名爲《墨人絕律詩集》，一併交與臺灣商務印書館簽約出版。 列入美國 A.B.I.出版的 5000 Personalities of the World；英國 I.B.C.出版的 *The International Authors and Writers Who's Who*.

民國七十六年丁卯（一九八七）	六十七歲	訪問考察東南亞地區、國家馬來西亞、新加坡、泰國、菲律賓、香港十七天，並出席多次座談會。 商務印書館出版《全唐詩尋幽探微》（附《墨人絕律詩集》）。 《紅塵》長篇小說於三月五日開始在（臺灣新生報）連載。 七月四、五日出席在臺北市召開的抗戰文學研討會。 八月一日出席在高雄市召開的第七屆中韓作家會議。
民國七十七年戊辰（一九八八）	六十八歲	元月二日完成《全唐宋詞尋幽探微》（附《墨人詩餘》）全書十六萬字。設於美國深受世界尊重的「國際大學基金會」（The Marguis Giuseppe Scicluna 1855-1907 Internarional University Foundation）（Founded 1973）授予榮譽文學博士學位。
民國七十八年己巳（一九八九）	六十九歲	臺灣商務印書館出版《全唐宋詞尋幽探微》。 臺北大地出版社三版長篇小說《白雪青山》。 世界大學（World University）授予榮譽文學博士學位。
民國七十九年庚午（一九九〇）	七十歲	五月應大陸黃河文化實業公司邀請，作四十天文學之旅，與北京、上海、杭州、九江、武漢、西安、蘭州等地作家座談中華文化、文學創作，坦誠交換意見，獲得一致共識、真摯友情與尊敬，廣州電視臺並全程錄影，製作專輯播出，六月底返臺後即撰寫《大陸文學之旅》專著。 艾因斯坦國際學院基金會（Albert Einstein 1879-1955 International Academy Foundation）授予榮譽人文學博士學位。 榮列英國劍橋國際傳記中心出版的 IBC Book of Dedications.占全書篇幅五頁，刊登照片五張，介紹五十年創作生涯，十分翔實，篇幅之大，爲全書冠，並禮聘爲 IBC 副總裁。
民國八十年辛未（一九九一）	七十一歲	二月底新生報出版《紅塵》，二十五開本，上、中、下三鉅冊。黎明文化事業公司出版《小園昨夜又東風》散文集。 應香港廣大學院禮聘爲中國文學研究所客座指導教授。 《紅塵》榮獲新聞局著作金鼎獎及嘉新優良著作獎。

民國八十一年壬申（一九九二）	七十二歲	文史哲出版社出版《大陸文學之旅》。 應聘香港廣大學院中研所客座指導教授。 一月五日開筆寫《紅塵續集》，自九十三章起至一百二十章止，共四十萬字，六月十日完稿，《紅塵》全書共一百九十萬字。續集自十二月一日開始在《臺灣新生報・副刊》連載近年，雙破長篇鉅著及連載紀錄。中國廣播公司《中廣小說選播》節目，亦於十二月一日十四時三十分，在AM657千赫第一廣播網開始播出長篇鉅著《紅塵》上、中、下三冊，由戴愛華小姐導播，集該公司播音精英，通力合作，龍老夫人一角由播音元老白銀飾演，其餘人物均爲一時之選，效果奇佳，前所未有。　北京「中國文聯出版公司」出版《也無風雨也無晴》。 墨人故鄉九江《師專學報》，於本年起開闢《墨人研究》專欄，與《陶淵明研究》、《黃山谷研究》，並稱三大專欄，甚受教育、學術界重視。
民國八十二年癸酉（一九九三）	七十三歲	十月下旬，偕《秋水》詩刊同仁涂靜怡、雪柔、麥穗、汪洋萍、風信子、林蔚穎等爲慶祝《秋水》創刊二十周年，訪問哈爾濱、北京、西安三大都市，與當地詩人座談交流，水乳交融，兩岸詩人因而建立深厚友誼。十一月初，隻身訪問昆明、探親，昆明作協主席曉雪、八十多歲老作家李喬、小說家張昆華、《春城晚報》副總編輯熊廷武、副刊主編原因、理論家教授余斌、作家湯世傑、李錦華等集會歡迎，其中多爲白族、彝族等少數民族作家，乃以雲南少數民族文化資源努力創作相勉，深獲共鳴。資深作家彭荊風，晚間並來下榻處暢談。 繼續應聘香港廣大學院中研所客座指導教授三年。 十二月新生報社出版《紅塵續集》，全書共四大冊，其實前後一貫，爲一整體，該報爲方便，乃以《續集》名之。一生心願心血得以完成，在輕、薄、短、小及商品文學獨占市場情況下，亦一大異數。北京「中國文聯出版公司出版《紅樓夢的寫作技巧》。

民國八十三年甲戌（一九九四）	七十四歲	一月開始研讀自北京購回的《全宋詩》，擬續寫《全宋詩尋幽探微》。 四月十一日接受臺北復興廣播電臺《名人專訪》節目主持人裴雯小姐訪問：談一生寫作歷程及大長篇《紅塵》寫作經過。 臺北《世界論壇報》副社長兼副刊主編詩人評論家周伯乃先生，特自五月三十一日起一連三天出版特刊，慶祝七十晉五誕辰暨創作五十五周年，除刊出〈小傳〉、〈七五人生一首詩〉、〈中國新詩與傳統詩詞的整合〉、〈叩開生命之門〉三篇新作外，並刊出蒙古族女詩人作家薩仁圖婭的〈墨人：屈原風骨中華魂〉，及馬來西亞霹靂州立女子中學校長，詩詞家、散文作家彭士麟女士論《紅塵》與大陸作家作品比較的書信，墨人著作校長，詩詞家、散文作家彭士麟女士論《紅塵》與大陸作家作品比較的書信，墨人著作目錄、美國兩個榮譽文學博士、一個人文學博士照片三張，《紅塵》獲獎照片一張，及周伯乃〈無限的祝禱〉文等。 八月七日，中國時報系的《工商日報・讀書版・大書坊》刊出蓓齡的《紅塵》墨人專訪文章，並配合攝影記者何日昌拍攝的墨人及《紅塵》四冊照片。 大陸廣州暨南大學中文系教授兼臺港暨海外華文文學研究中心主任、評論家潘亞暾，費時月餘撰寫《紅塵續集》論文達一萬餘字的〈偉大史詩的歸結〉，於九月二十一至二十五日在臺北市《世界論壇報・副刊》全文刊出，見解不凡，對《續集》的成功更使他大吃一驚，因此，更肯定《紅塵》的史詩價值、地位。 八月二十八日第十五屆世界詩人大會在臺北召開，僅提出〈中國新詩與傳統詩詞的整合〉論文一篇，並未出席、論文則由《中國詩刊》主編曾美霞女士代讀。
民國八十四年乙亥（一九九五）	七十五歲	一月，臺北文史哲出版社出版《墨人半世紀詩選》（一九四二—一九九四）。 一月十日應臺北廣播電臺《藝文夜話》主持人宋英小姐訪問，許導播秀玲決定十日開播《紅塵》全書四冊，每日廣播兩次。 中國詩歌藝術學會主辦、中國文藝協會協辦，於五月二十二日在臺北市中國文藝協會舉行《墨人世半紀詩選》學術研討會，與會詩人、評論家六十餘人，討論情況熱烈，並印發海峽兩岸評論家王常新、古繼堂、古遠清、李春生、楊允達、周伯乃等十三家論文專集。各家均推崇、肯定新舊詩兩方面的成就與半個多世紀的貢獻。

		英國劍橋國際傳記中心頒贈二十世紀文學傑出成就獎。榮列一九九五年英國劍橋國際傳記中心出版的 The Definitive Book of the Deputy Directors General of the IBC.佔全書篇幅五頁，刊登照片五張，爲全書之冠。
民國八十五年丙子（一九九六）	七十六歲	臺北圓明出版社出版涵蓋儒、釋、道三家思想的散文集《紅塵心語》。卷首有珍貴的文學照片十餘張。 臺北中國詩歌藝術學會出版《十三家論文》論《墨人半世紀詩選》。
民國八十六年丁丑（一九九七）	七十七歲	臺北中天出版社出版與《紅塵心語》爲姊妹集的散文集《年年作客伴寒窗》，各篇亦均以五、七言詩作題，內中作者詩詞亦多，並附錄珍貴文學資料訪問記、特寫、著作目錄等十餘篇。出任「乾坤」詩刊顧問，並主編該刊古典詩詞。完成《墨人詩詞詩話》、《全宋詩尋幽探微》兩書全文。
民國八十七年戊寅（一九九八）	七十八歲	構思六年的以佛學精義結合修行心得化爲文學創作的長篇小說《娑婆世界》，於三月二十八日開筆，十二月脫稿。共三十八章，五十多萬字。 英國劍橋國際傳記中心（IBC）出版《二十世紀傑出人物》以照片配合文字將墨人傳記刊卷首重要位置，並頒發獎狀。大陸中國國際經濟文化交流促進會、燕京國際文化藝術研究會等七大單位編纂出版的《世界華人文學藝術界名人錄》，中國國際交流出版社出版的《世界名人錄》，均爲十六開巨型中文本。
民國八十八年己卯（一九九九）	七十九歲	本年爲來臺五十周年，創作六十周年，中國習俗八十歲，昭明出版社出版長篇小說《娑婆世界》。 美國傳記學會（ABI）出版二十世紀《五百位有影響力的領袖》，以照片配合文字將墨人傳記刊於卷首重要位置並頒發獎狀。照片及詩詞五首編入中國《當代吟壇》巨著。　美國「世界智庫」與艾因斯坦國際學會基金會」聯合頒贈墨人傑出成就榮譽獎，以紀念千禧年，並榮列中國出版的《中華精英大全》。 美國傳記學會頒贈墨人「二十世紀成就獎」。

民國八十九年庚辰（二〇〇〇）	八十歲	臺北昭明出版社陸續出版定本長篇小說《白雪青山》、《滾滾長江》、《春梅小史》；文學理論《紅樓夢的寫作技巧》，連同民國八十八年出版的長篇小說《娑婆世界》，並列爲墨人一系列代表作品，以慶祝墨人八十整壽。臺北詩藝文出版社出版《墨人詩詞詩話》。臺北文史哲出版社出版《全宋詩尋幽探微》。
民國九十年辛巳（二〇〇一）	八十一歲	臺北昭明出版社出版長篇小說定本《紅塵》全書六冊及長篇小說《紫燕》定本。
民國九十一年壬午（二〇〇二）	八十二歲	五月三日偕長子選翰赴上海訪友小住。英國劍橋國際傳記中心授予「終身成就獎」。
民國九十二年癸未（二〇〇三）	八十三歲	八月底偕夫人及在臺子女四人經上海轉往故鄉九江市掃墓探親並遊廬山。
民國九十三年甲申（二〇〇四）	八十四歲	準備出版全集（經臺北榮民總醫院檢查無任何疾病。）巴黎 you-Feng 書局出版豪華典雅法文本《紅塵》。
民國九十四年乙酉（二〇〇五）	八十五歲	此後五年不遠行，以防交通意外，準備資料。計劃百歲前開筆撰寫新長篇小說。北京「中央出版社」出版《強國丰碑》，以著名文學家張萬熙爲題刊出墨人傳略，爲臺灣及海外華人作家唯一入選者。並先後接到北京電話、書函邀請寄送資料編入《一代名家》、《中華文化藝術名家名作世界傳播錄》。
民國九十五年丙戌（二〇〇六）至民國一百年（二〇一一）——	八十六歲至九十二歲——	重讀重校全集，已與臺北市文史哲出版社簽訂出版《墨人博士作品全集》合約，民國一百年年內可以出版。此爲「五四」以來中國大陸與臺灣所未有者。